U0336901

人人都是培训师

铭师坊TTT研究院 ◎著

机械工业出版社
CHINA MACHINE PRESS

本书围绕"成为一名优秀培训师"的应知应会展开，从对"培训师"这个职业与身份的正确认知，到了解成人学习的基本规律，再到优秀培训师的专业技能，层层深入，全面描绘出专业培训师的成长路径，是一本供读者全面学习培训技能的宝典。

图书在版编目（CIP）数据

人人都是培训师 / 铭师坊 TTT 研究院著 . —北京：
机械工业出版社，2024.2
ISBN 978-7-111-75175-5

Ⅰ. ①人… Ⅱ. ①铭… Ⅲ. ①企业管理 – 职工培训
Ⅳ. ① F272.92

中国国家版本馆 CIP 数据核字（2024）第 043060 号

机械工业出版社（北京市百万庄大街 22 号　邮政编码 100037）
策划编辑：孟宪勐　　　　　　责任编辑：孟宪勐
责任校对：孙明慧　王　延　责任印制：刘　媛
涿州市京南印刷厂印刷
2024 年 5 月第 1 版第 1 次印刷
170mm×230mm · 19 印张 · 1 插页 · 243 千字
标准书号：ISBN 978-7-111-75175-5
定价：79.00 元

电话服务　　　　　　　　　网络服务
客服电话：010-88361066　　机 工 官 网：www.cmpbook.com
　　　　　010-88379833　　机 工 官 博：weibo.com/cmp1952
　　　　　010-68326294　　金 书 网：www.golden-book.com
封底无防伪标均为盗版　机工教育服务网：www.cmpedu.com

| 赞　誉 |

理念决定模式，模式决定执行力。对于一个成长中的现代企业来说，全体员工不仅是一个"经济共同体"，更是一个"学习共同体"和"知识共同体"。《人人都是培训师》就是一本写给培训师的知识宝典，它为我们打开了一个五彩斑斓的学习新世界。

铭师坊是我一直非常尊敬的企业。在培训领域，它的一些观点往往就能代表行业的风向标。《人人都是培训师》这本书带给了我莫大的惊喜和深入的思考，它将知识性、趣味性、前瞻性、实用性融为一体，让我们在研读之余，可以从中发现更多的灵感。

李晓奇　山西汾酒集团职工教育培训部部长

人人都是培训师，人人都可以成为培训师！成为培训师不需要我们手舞足蹈、口若悬河、铿锵有力，而需要借用公认的框架将我们的经验系统地梳理，把已有经验有逻辑地清晰陈述出来，善于用问题引导听众有效地思考，等等。这些技能并不会太难掌握。铭师坊在与海大集团的合作中，就是用一套工具方法，帮助我们培养了几百位内训师，也开发了众多精品课程。《人人都是培训师》集铭师坊多年经验之大成，必然会给想要成为培训师的同仁带来更多的启迪。

丁振红　海大学院院长

与铭师坊合作多年，陈敬院长指导广汽本田营销领域各科室的中基层管理者、专家提炼自身经验，形成系统化知识，共开发岗位专业精深课程 165 门，在内部人员传承、赋能、转岗等多个场景中发挥着重要作用，实现了覆盖全领域的组织记忆。

正如这本书的书名"人人都是培训师"一样，人人皆应为师，人人皆能为师。教是最好的学，在贡献经验的同时，自身也能收获良多！我们倡导更多企业建设"学习型组织"，引导员工在工作中不断总结，赋能他人，实现自我价值。

方炜镖　广汽本田第一事业本部原人才培育 LPL⊖

在这个快速变化和竞争激烈的时代，持续学习和不断提升已经成为一种必然的选择。无论是在职场中还是在日常生活中，我们都需要不断掌握新知识、培养新技能，以适应不断发展的环境。

在这样的背景下，培训师的角色变得越来越重要。过去，我们可能会将培训师的角色局限于教室或专业机构中，但现在，培训的范围已经变得更加广泛和多样化。在这个世界上，每个人都可以成为培训师，用自己的知识和经验，为他人提供指导和帮助。

成为培训师不仅能够帮助他人成长，同时也是自我成长的过程。这本书将教你如何激发自己的潜能、分享知识和经验、设计培训计划、提供有效的反馈和引导、领略培训的魅力，最终成为一名优秀的培训师！

邢孔道　朗廷集团 Ying'nFlo（中国）代表

⊖ Large Project Leader。

这不是一本培训师速成的书，而是一本发掘你培训师天赋的书。生动有趣、视角独特且兼具专业方法和进阶路径是本书的特色之一。也许在用心读完后，你会发现，其实我们人人都是与生俱来的培训师。

施圣炜　华泰证券培训总监

本书通过大量的实践案例，将培训师的教学理论与技巧深入浅出地进行阐述，让企业培训师深受启发。书中所述教学方式生动有趣又实用，是一本可供企业内部讲师即学即用的好教材！

方胜利　广东省机场管理集团有限公司
人力资源部副部长，人才发展院总经理

《人人都是培训师》是铭师坊金才兵老师携手研究院几位老师的潜心之作，它就像一场及时雨，为培训师提供了可落地的方法理论，干货满满。同时它也让我体会到，培训师一定要从优秀的个人贡献者中来，优秀的管理者同时也应该是一个优秀的成功经验分享者和培训大师。这本书能够帮助管理者提高管理水平，增进沟通表达能力和培训分享能力。

姚建华　绿叶制药集团人力资源与培训部高级总监

培训是对以往知识、经验、经历与教训等进行客观的回顾、分析与总结并传授给受训学员的过程。培训师则是指在专业理论的指导下，设计及实施培训的人员。对于培训师来说，重要的是授人以"渔"，得到学员的接受与认可，产生培训效果，助力组织人才培养及绩效提升。培训师应该具备哪些能力？如何成为一名出色的培训师？相信你能在这本书中找到答案。

张卫东　广州大家乐食品实业有限公司中国区人力资源总监

铭师坊，只做 TTT[⊖]，专业性很强，经过近几年的接触和深入了解发现，他们在 TTT 领域不断深耕、不断突破，令人敬佩。培训师是一个门槛很低、台阶很高的职业，人人都可以登台讲课，但永远在成为最佳讲师的路上。《人人都是培训师》不仅传达了关于培训师的价值理念，同时向读者传授了如何一步一个台阶地实现个人成长，是值得每一个职场人特别是培训师拥有并反复品味的佳作。

赵连吉　国泰君安证券股份有限公司业务培训主管

这本书对从如何成为一名培训师到培训师应该做什么、怎样才能做得更好，进行了系统的阐述。愿每一位热爱培训的同行，都能学以致用，用以致学，在培训的路上日益精进。

杨艰信　中国邮政集团有限公司上海市培训中心主任

这本书给我的感受可以用三个词形容：适用、实用、好用。如果你想成为培训师，这本书非常适用，可以帮助你建构完整的培训师实操能力模型。这是一群优秀的老师根据实践经验总结出来的实用工具书，书中的表格、流程可以拿来就用。

印　锋　浙江三农物流有限公司总经理

⊖ 职业培训师培训。

| 推荐序一 |

　　ChatGPT 横空出世，举世震惊。鉴于 ChatGPT 能够通过理解和学习人类的语言进行智能对话，像人类那样聊天，也能够完成文本任务，如写邮件、写视频脚本、写文章、写论文及翻译等，有人说：培训师的饭碗很快就会被抢了。

　　我觉得，这个结论的前提条件应该是 ChatGPT 具备了培训师的能力和素养。

　　培训师需要具备哪些能力和素养？本书从专业的视角给了我们答案。初级培训师刚走上讲台，需要的职业素养和能力有：职业自豪感、课程开发能力、演绎呈现能力、互动控场能力和课件制作能力。所以，ChatGPT 要成为初级培训师，就要像人类一样有感情，有使命感、自豪感，会自主思考，授课现场能和学员迅速产生连接，根据不同环节采取不同的互动控场策略。中级培训师就更有挑战性了，要有专业精神，要懂经验萃取、案例开发、教学设计和互动引导，这里面涉及八大智能，以及自我萃取和萃取他人这些深层次的思维。至于高级培训师，已经不能把眼光仅聚焦在课堂的几十分钟或几小时内，而是要从内部学习专家的角色出发，做好调研访谈，帮助组织做好业务诊断，进行学习项目设计、评估及反馈。对于 ChatGPT 来说，要想具备中级和高级培训师所需的能力和素养，还有很长的路要走。

立志成为培训师的朋友，如果想在很短的时间里快速掌握专业培训体系的知识技能，想有现成的方法论及工具表单，本书是不二选择。

陈　瑶
中车时代培训发展中心执行院长

| 推荐序二 |

　　《人人都是培训师》一书旨在探讨培训的重要性以及如何成为一名优秀的培训师。它提供了有用的指导和技巧，帮助读者了解培训的核心原则，并提供了实际应用的方法和策略。

　　通过这本书，读者可以了解培训的定义、目标和价值，以及培训师所需具备的素质和技能。此外，该书还探讨了如何构建一个有效的培训计划，如何选择合适的培训方法和工具，以及评估培训效果的方法。

　　《人人都是培训师》鼓励每个人在自己的领域担任培训师角色，并分享知识和经验。它强调培训作为持续学习和发展的重要手段，可以提高个人和组织的绩效与竞争力。

　　无论你是初次涉足培训领域，还是已经拥有一定的经验，这本书都将为你提供宝贵的指导，帮助你在培训领域取得成功。无论你是企业员工、教育工作者还是自由职业者，通过培训，你都可以成为一个更有影响力和价值的人。

　　《人人都是培训师》是一本实用且具有启迪性的读物，相信它将对每一位培训师在培训领域的职业发展和个人成长产生积极的影响。

耿　超

建信人寿保险股份有限公司

人力资源部（教育培训部、党委组织部）副总经理、副部长

昨晚收到《人人都是培训师》的书稿，我是既感慨又激动的。我与铭师坊结缘，是在十多年前的一场专业论坛上，首次听到陈敬老师分享经验萃取技术。当时我正在思考内部专业课程体系和讲师队伍建设，那一刻，我就知道找到答案了。

这些年来，铭师坊陪伴安信研修院共同走过了很多艰难时刻。从内训师培养和经验萃取入手，我们共同深入安信证券的多条核心业务线，从传统培训模式逐步转向业务赋能，赢得越来越多的认同。在共同工作的过程中，铭师坊除了提供专业支持、赋能安信研修院的小伙伴们，更多的是带给了我们逢山开路、遇水搭桥的信念和决心。我们看到铭师坊多年来一直坚守初心，秉承专业精神，专注做好 TTT 这件事，以行动践行铭师坊的使命和情怀。

我相信，《人人都是培训师》的出版是千千万万培训人和讲师的福音。我身边有不少期待成为内部讲师的能人，但在起步阶段就遭遇困境，他们带着一腔热情登上讲台，却发现台下学员面无表情、精神涣散，以至于怀疑自己不具备讲课能力，从此不愿意讲课，这是我们不愿意看到的。而这本书让大家看到，成为一名好的讲师是有方法、有路径的，人人都可以通过努力具备讲课能力。

如果你有"讲师梦",不妨读一下这本书,里面没有空泛的大道理,没有晦涩的专业术语,而是用轻松交互的语言风格,与你探讨讲师的成长路径和方法。希望这本书能够让你找到想要的答案。

杜妍琼

国投证券研修院培训总监

　　看完这本书，我不禁回想，深入培训行业多年，培训师的价值到底是什么？一百个人可能有一百种答案。不断在培训行业深耕的这些年里，我就像在不断翻越一座座山，这些山峰高耸巍峨，而同我一起翻山越岭的则是那些满怀热忱的、向上的、求知若渴的学员。每一次在课堂上，他们的声音好像在问我，你有信心爬到山顶吗？我也在问自己，知识有终点吗？山外有山，培训带给我的，是每一节课背后的深入研习和反复探究，是不断深入行业总结的经验和方法，是不断攀登的勇气和决心。

　　近年来，培训师在企业发展中起着越来越重要的作用，培训师基于企业发展扮演着更重要的角色，担负着更重的使命。企业培训师在未来的培养趋势是，随着培训师培养企业内部化的现象越发明显，课程含金量已成为重要的考核指标。所以在对企业培训师的培养上，要升维去思考，做培训师的职责不仅是讲课，还要成为组织推动全员学习、促进组织经验沉淀的重要力量。我们应给予培训师更多的关注和培养，持续提升思考认知的维度。这本书为每一位即将成为培训师或正在从事培训的伙伴提供了从初级培训师到高级培训师的进阶法宝。这是一个从"0"到"1"的阶段，从自我能力的评估到明确提升的方向，从加强个人的能力素养到寻找自我提升的内驱力。这本书让每一位依然在培训行业奋斗的伙伴都能从中找到提升的路径，实现自我价值；帮助每一位培训师在当下不断变革成长的培训体系中脚踏实地找到自己的位置，寻找成长与变革的突破。

"行之力则知愈进，知之深则行愈达"，在不断进阶和提升的道路上，培训师应当全然投身于企业的实践当中，只有不断实践、反复锻造经验才能打造出真正的神兵利器。当然，在实践的基础上，我们也要跳脱出"经验主义"，创造新的前瞻性思维。"知者行之始，行者知之成"，只有不断精进、不断成长、坚持知行合一，同时自我赋能、不断造血，才能在自己的岗位上创造属于自己的新的能量。

这本书的出版让我看到了培训行业燃起的星星之火，每一个有培训师梦的人，都要永葆热忱和探寻之心。因为我深知，那是一种十分稀缺的呼唤，也是一种难得的坚韧，更是一种服务他人的人格和气质。培训师既要有"英雄不问出处"的胸怀，也要有"埋骨何须桑梓地"的坦荡。愿每一位培训师都能实现自己的价值。人人都是培训师，人人都可以成为培训师！

商浩鑫

平安租赁汽车金融事业部销售培训负责人

为什么写这本书

写这本书，从创意到完稿，前前后后用了一年左右的时间，但是，为了准备这本书，却足足用了接近二十年的时间。

这是一本写给所有培训从业者的书。

从业二十余载，我一直扎根在培训这个行业，专注于研究内训师的培养，最有价值的事情就是帮助组织培养了一批又一批优秀的培训师。在这一过程中，我们不断寻求突破，创新迭代 TTT 技术。其中有很多收获和心得，也沉淀了一些经验和方法，摸索出了一套内训师修炼的内功心法和打法。我们想通过这本书，与所有的培训同人分享，让这份沉淀和积累创造价值。

另外，让我们触动很深的是在帮助企业组建、培养内训师的同时，我们也收获了太多感动和力量。

有情怀的人，才能做有温度的培训。

捷克教育家夸美纽斯说："教师是太阳底下最光辉的职业。"教书育人是一项非常崇高的事业，它塑造人的品格、能力和未来。其实，培训师亦是如此。

作为培训师，我们要眼里有光、心里有爱。培训是一项有情怀的工作，好的培训师可以真正赋能他人，赋能组织，给人以温暖和力量。

在我刚刚进入培训行业时，我曾问过一位资深培训前辈老师："到底什么是培训？"老师想了想说："培训就像在别人的心里种了一颗种子，在合适的时候，种子必然破土而出，使人收获成长和力量。"

我曾问一位从业很多年的培训老师："你觉得做培训辛苦吗？"她想了想说："对我来讲，这项工作非常神奇，即使平时工作很疲倦，但只要站在讲台上就马上精神抖擞，很多学员喜欢我的课，也通过我的培训，收获了成长。让别人发光非常幸福，我想，我是真的热爱培训工作。"

让别人发光，做培训让我获得成就感。

这里我想举两个例子。

2022年我去某企业开展内训师培养项目，其中一位学员非常兴奋地过来打招呼，她说几年前参加了内训师大赛，初次登台的她极度没有自信，但赛前老师悉心的指导让她在比赛中受益匪浅，取得了很不错的成绩，同时也被公司特聘为专家讲师。她说："做培训，让我获得了成就感。"短短几年时间，她已经由一位普通的一线员工成长为一位优秀的中层管理者。

另一个例子来自一家制造业企业的内训师。该企业安全生产是第一位，在一线车间，为了保护员工的眼睛免受强光的刺激，企业每年花费几百万元为员工购买防护眼罩，但是由于员工安全意识淡薄，很多员工工作中并不佩戴眼罩，或者佩戴不规范，而这种强光的刺激，对于眼睛的损害是不可逆的。为了加强员工的安全意识，企业组织了很多次安全教育和培训，但收效甚微，这给企业的资源造成了极大的浪费，也给企业带来了生产风险。

这位培训老师接到培训任务后，没有像以往一样讲解重要性和佩戴方法，而是组织了一场体验活动——"黑暗中的摸索"，让大家在黑暗中完成日常非常简单的任务。这场培训带给学员的触动非常大，很多人培训后找到老师说："没有感受就不知道失去光明的痛苦。"这场培训不仅提升了学员的安全意识，更降低了企业风险，减少了资源浪费。最后，培训老师总结说："成人达己，成己为人，培训真的让我很有成就感。"

有人说，做培训师进行分享就是布施，给人以智慧的启发是布施的最高境界，因为帮助和扶持他人成长，是人生最大的滋养和福报。

隋广义先生说过："赠人玫瑰，手有余香，帮助别人，也能给自己带来一份充实、一份快乐。"

所以，我们也想借这本书致敬披荆斩棘的培训人。

本书的定位

现在流行一种说法：CEO就是首席教育官，每一个业务专家、管理者都是培训师。所以，从这个意义上讲，培训师不仅是一个职业或一个身份，更多的应该是一种能力。

从组织发展的角度来看，组织要实现自身的战略目标，获得持续的竞争优势，就需要培训发展所需要的各种人才，形成自身的人才战略。而从企业外部找的培训课程与企业业务匹配度不高，显得水土不服。所以，越来越多的企业意识到，与其引入水土不服的课程，不如培养内部专家，萃取内部优秀的经验，复制传播。因此，这是一个"人人都是培训师"的时代。

专业是培训师的底色，业专，方能制胜。

如果想要给学员一滴水，培训师自己至少得有一杯水；想要给学员一杯水，培训师自己至少得有一桶水。所以，企业需要对这部分业务专家进行赋能培养，让他们快速成长。

　　本书从培训师发展的角度，基于初、中、高阶内训师能力素质模型，系统思考、科学设计、针对性培养，并结合成人学习特点，从教学设计、精彩演绎、互动技巧等模块解析，而且有模型、有方法、有工具。本书是一本易读、易懂、好学、好上手的工具书。

陈洁双

铭师坊副总经理

| 目 录 |

| 第一部分 |

人人都可以成为培训师

| 第二部分 |

成人是怎样学习的

| 第三部分 |

开启精彩的授课

| 第四部分 |

开发一门精品课程

第 19 章　让学员全身心投入重要知识点的探索　　　203

第 20 章　精湛的结尾技巧　　　216

| 第五部分 |

和你的学员深入交流互动

第 21 章　多样化的教学活动设计　　　225

01

第一部分

人人都可以
成为培训师

学然后知不足，教然后知困。知不足，然后能自反也；知困，然后能自强也。故曰：教学相长也。

——《礼记·学记》

CHAPTER 1
第 1 章

培训改变人生

💡 思考一下

在你开始阅读本书之前，相信你已经是一位培训师或者准备要成为一名培训师，那请问你是出于什么样的想法，想要成为培训师呢？可以在下面符合你想法的选项上打钩：

- ☐ 想突破一下自己，提升个人表达能力
- ☐ 喜欢分享，乐于分享，希望做老师
- ☐ 现在是一名管理者，需要给部门同事做培训
- ☐ 公司或组织给了自己培训的任务
- ☐ 希望部门成为学习型组织，想了解有关培训的知识和技能
- ☐ 本身就在培训部或学习发展部门工作，想系统了解一下如何培养企业培训师
- ☐ 其他想法：_____

无论你出于以上哪个想法，欢迎你成为万千培训师中的一员。也请你相信，你做了一个正确的选择，因为在成为一名优秀培训师的道路上，你会受益良多！

"培训师"改变人生

在多年培训工作中，我有幸与众多的培训师有过深度交流，每个人开始培训道路的契机各有不同，但相同的感受是"培训师"这个角色对自己的影响与改变很大。

让我印象深刻的是一位 IT 部门的程序员，他原来性格十分腼腆，不善言辞，平时汇报工作都会脸红、紧张，而做了培训师之后，经过刻意训练，现在他已经可以谈笑风生，幽默风趣地在讲台上给大家讲解专业知识了。同时，他的性格发生了很大变化，整个人也变得积极、自信、乐观、外向。这只是众多改变中的一例，有无数的例子传递出一个事实："培训师"可以改变人生！因为通过培训工作，可以让自己：

- **持续积累，不断扩大知识版图与边界。**培训师不仅要知道怎么做，更要知道这么做的原因，要有追本溯源的精神。
- **化繁为简，把复杂的知识结构化，易于学习理解。**做了培训师后才发现万事皆有框架，培训师的脑海里至少要储存 50 个方法论。
- **乐于分享，把有用的知识带给他人。**《孟子·梁惠王下》写道，"独乐乐不如众乐乐"，意思是，一个人能与众多高手分享，激发碰撞出更多的智慧，才是高手的境界。
- **研究学习的底层逻辑，思考如何更轻松地学习。**当年死记硬背，导致学习效率低下，做了培训师后，更加了解学习者的特点，对子女教育也有更多启发。
- **寓教于乐，把知识与多样化教学手段相结合，碰撞出更多可能性。**享受对知识进行再加工、再创造的乐趣。
- **深化知识，推动行业的认知提升和前进。**对知识进行深层次加工，推动知识的迭代与更新。

● **主动沉淀，最好能给这个行业的发展留下一些成果**。

总结一下，培训师角色至少在以下四个方面让自己有全方位的提升。

提升表达能力

在多年培训中我们发现，企业中还是有很多专家型员工，虽然做得出色，但是"茶壶里煮饺子——有货倒不出来"，而这就大大影响在职场中的竞争力，特别是"70 后""80 后"，从小公开表达的机会有限，导致表达的系统性、逻辑性、感染力不佳，反观"90 后""00 后"，他们从小就更加自信、乐观，他们愿意表达、享受表达，但他们可能存在的问题就是想表达的太多，不明确其核心观点，表达欠缺凝练和深度。

成为培训师，可以让我们锻炼一种习惯：**想明白，说清楚，为职业发展助力！**

提升学习固化能力

在我们的身边，一定存在一类"学霸"，不管学什么，学习效率很高，即学即会，而且还特别好学！我们内心一定有一个声音："向学霸对齐，甚至成为超级学霸！"

我们认为学的多少并没有那么重要，而学习的转化倒是至关重要。那如何学习才能让学习留存率、转化率更高呢？

美国缅因州的国家训练实验室发布的"学习金字塔"（见图 1-1），展现了学员不同学习方式下的平均学习留存率（Average Learning Retention Rate），通过阅读和听讲只有 5%~10% 的留存率，大概率只停留在知道的层面，而知识也可能很快被遗忘，更难做到转化、应用的层面。通用电气前 CEO 杰克·韦尔奇说过，学习最有效的办法就是教给他人！通过转教别人，可以让我们对学习的留存率达到 90% 甚至更多。通过转教别人，不仅让别人受益良多，也使自己学得更深入、更透彻！

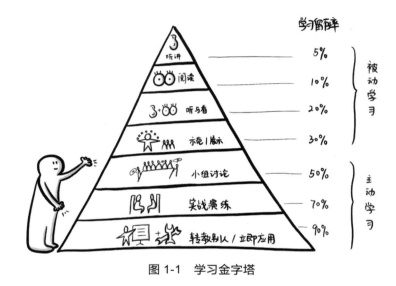

图 1-1　学习金字塔

提升自己的专业度

最近火出圈的 ChatGPT，让我们深深感受到了人工智能的威力，未来很多岗位可能将被取代，相信大家都在思考"如何让自己不被人工智能代替"，答案就是要成为某一领域的专业人士。很多培训师在诉说他们的担心："我最怕的就是在课堂上碰到发起挑战的学员。"这句话背后的意思是担心被问倒，其实这正是做老师的妙处，因为要讲授某一模块的专业内容，就需要反向推动自己对某一领域的专业知识追本溯源、深挖本质，思考各类常见问题的解决之道，拿出知识分子上下求索的精神来做准备工作，而这又何尝不是对自己的一种推动呢？

延长职业生命

可能很多人到了临近 40 岁时会考虑自己未来的职业生涯该如何走，而转型做企业内部的讲师和顾问，把自己多年工作的实战经验凝练成体系、课程来助力他人快速成长，无疑是一件有意义、有价值，而且可以长期从事的事情。

当然，我们不一定要等到 40 岁才开始考虑，可以从 20 多岁、30 多岁就开始尝试并成为培训师，这样才可以推动自己不断夯实知识基础，做好知识储备，让职业生命不会随着一份工作的失去而中断，让内心具有更强的职业安全感。

✿ 本章小结

本章主要分享了成为培训师后可能会带来的改变和四项主要的收获。你可以结合个人情况，做出以下思考：

1. 激发你成为培训师的动力源是什么？

_____

2. 成为培训师有哪四项收获？哪一项对你最有触动？

_____

3. 你期待自己在哪些方面发生改变？

_____

4. 你希望在多长时间内看到这种改变？

_____

CHAPTER 2
第 2 章

"培训师"成为企业发展的"刚需"

💡 思考一下

你认为，在企业内，培训师应该扮演什么样的角色或承担何种任务？

☐ 课堂教学，传授专业知识，帮助他人成长

☐ 某一领域的业务高手或是业务专家

☐ 在工作中善于总结经验，做好传帮带

☐ 在工作中愿意积极创新，驱动业务不断增长

☐ 其他想法：_____

企业内培训师的定位、角色和使命

战国时代荀子的《荀子·大略》中有这样的内容："国将兴，必贵师而重傅，贵师而重傅，则法度存。"意思是：国家要兴盛，一定要尊敬老师并看重有技能的人，如此，规矩和制度就能保持并得以推行。国家如此，企业亦如此。

对企业来讲，"培训师"是企业内部越来越重要的存在。在 2014 年，"内训师"（内部培训师）对于很多企业来说还是个新名词，不少企业刚

刚建立培训师队伍，而到了今天，"培训师"团队已成为众多规模企业的标配，不少企业已经培养了一批"有实战、有经验、有知识、有能力"的培训师团队。它们在各个业务板块都起到了推动组织学习与发展、沉淀知识、传承赋能等重要作用，培训师已经成为不可或缺的存在。

总结一下，企业内部培训师的定位、角色和使命如图 2-1 所示。

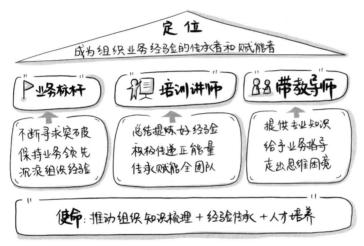

图 2-1　企业内部培训师的定位、角色和使命

定位：成为组织业务经验的传承者和赋能者。

使命：推动组织知识梳理的工作、经验传承的工作和人才培养的工作。

培训师在企业中扮演着三种角色：

业务标杆：现在企业需要标杆，企业也推崇标杆，在不少企业内，都会成立"××专家×××工作室"，这就是一种标志，希望埋下一颗做"专家"的种子，不断寻求业务上的创新和突破，保持业务领先，同时沉淀组织经验，成为行业专家。

培训讲师：在做标杆的前提下，愿意分享，成为讲师，不仅意味着分享好的经验，还要传递积极正向的精神，传承赋能整个团队的成长。

带教导师：培训师不仅在台上乐于分享、善于分享，在工作中也要是一名好导师，可以指导同事在思维方式、业务水平等多方面突破现状，使他们快速成长。

培训师在企业发展中起着越来越重要的作用，那在企业培训上有怎样的发展和运用？

企业培训的四个趋势

经过近 10 年的观察，我们发现企业培训有四个明显趋势。

1. 企业培训内部化现象明显

在 2015 年前，企业内不少的培训课程是由外部专业机构提供的，而到了今天，企业内大量课程都是由企业内部讲师来完成的，这些课程包括业务类课程、技巧类课程，甚至一些通用课程和管理类课程。

这为培训师提供了大量的实践场景。举个例子，某银行每年都会有几百名新员工，以往各地分行自行组织新员工培训，但各分行课程不一致，组织松散，导致新员工的上岗质量不一。现在总行牵头重点打造新员工培训项目，结合项目，通过"选拔—培养—实战—再进阶培养—再实战"的训战结合模式，培训了一大批可以高质量授课的培训师，培训水平节节提升，从之前干巴巴地讲专业知识，到现在可以场景化、生动化地讲解业务，同时把经验融入授课中。这个项目不仅让新员工的上岗质量得到了显著提升，同时打造了一支优秀的培训师团队。

相信这样的变化，在很多企业内正在不断发生。企业需要组织内部培训，完全可以挖掘、招募有想法、有能力的员工参与进来，通过这种方式，企业既培养了人才，同时又完成了组织自我赋能、自我造血的工作。目前，培训师的培养工作得到了越来越高的重视！

2. 课程含金量已成为重要的考核指标

过去更关注培训师授课技巧的培养，例如如何生动化教学，如何与学员互动。现在越来越关注课程本身的内容，比如是否有干货，是否有含金量。

举个例子：某知名车企非常重视课程质量的把控，在企业内部组建了一支专家顾问团队，每个课件都要通过"内部专家顾问团队"的考核评审，才能入档成为企业内的合格课程，而考核的重要指标之一就是"经验值"的多少、"含金量"的多少。

3. 企业培训师专业化水平显著提升

近两年在为企业内的中、高阶培训师进行培训的过程中，我们发现他们不仅可以非常流畅、生动地讲授课程，而且会思考如何提升课程的专业深度，同时愿意尝试把案例教学、引导技术、教练技术等更多教学技术融入授课中。他们也在不断学习运用多种在线平台，让在线直播课程生动有趣；他们也愿意研究学习项目，思考如何通过一堂课到整个学习项目的设计，来真正推动改变的发生。

所以在对企业培训师的培养上，要升维去思考，培训师不仅要讲课，还要成为组织推动全员学习、促进组织经验沉淀的重要力量，要给予培训师更多的关注和培养，促使他们持续提升思考认知的维度。

4. 高管、专家授课趋势明显

最初，企业培训师的发展更多是员工自主报名，公司统一组织培养，这样大多是一些年轻骨干员工参与。而最近几年，中层级高管培训师、专家级培训师在企业内越来越受到欢迎，一些著名企业都在持续地推动高管讲堂，这对于帮助员工理解公司战略、文化，提升员工视野、格局，统一工作方向等都起到了重要的作用。而高管、专家需要讲解自己的战略思想、最新行业研究、业务探索、最佳实践等，对全体员工进行业务赋能，以帮助员工快速成长，实现思想对齐。

在对企业内部高管、专家的辅导过程中，我们发现高管、专家级培训师具有丰富的知识储备、前瞻性的战略眼光，在这里也希望有更多的高管愿意担任培训师的角色为员工传经布道。有一句话讲："不做 CEO，就做培训师。"其实做 CEO 时，也可以是培训师。

❀ 本章小结

本章主要分享了企业内部培训师的定位、角色和使命，并分享了企业培训的四个趋势。你可以结合个人情况，做出以下思考：

1. 作为培训师，你希望自己在组织中发挥怎样的价值？

_____

2. 在培训师的多种角色和使命中，哪一个角色是你最看重和想要发展的？

_____

CHAPTER 3
第 3 章

培训师的能力成长之路

💡 思考一下

当你成为培训师时，你最希望提升以下哪些能力？请选出你最想提升的三个能力：

☐ 公众表达能力

☐ 课程开发能力

☐ 生动授课能力

☐ 互动控场能力

☐ 逻辑思考能力

☐ 提炼总结能力

☐ 教学设计能力

☐ 提问引导能力

☐ 辅导反馈能力

☐ PPT 制作能力

只选三个会不会有点"残忍"？是不是有多个能力都想提升？不错，在成为出色培训师的道路上，你可以不断精进上面所有的能力，但这些能力的获得并不是一蹴而就的，它们需要一个系统的路径来逐步提升。
大量的企业以初、中、高来定义不同级别的培训师（见图3-1）。

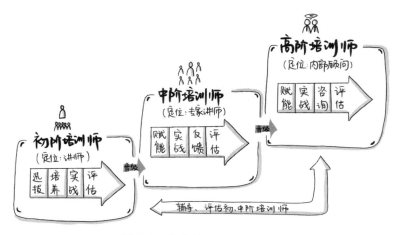

图 3-1   企业培训师成长路径

在不同阶段，我们应该重点关注与发展哪些能力项？经过大量的调
研与总结，我们共梳理出了每个阶段的一个职业素养和四个关键能力，
大家可以有的放矢、有针对性地培养与提升。

初阶培训师阶段

初阶培训师的主要特点为：

- 刚开始走上讲台，成为一名培训师。
- 当下最需要的是有一门专业性强、自己擅长的课程，同时掌握
  一些初步的授课技巧。
- 开启人生第一次、第二次……第 N 次专业授课，最终可以流畅
  地完成整堂课的讲解。
- 可以让学员清晰地理解课程内容，并感到学有所获。

在本阶段，培训师需要激发的职业素养和重点培养的能力有：**职业自豪感、课程开发能力、演绎呈现能力、互动控场能力和课件制作能力**。

◎ 小测试

表 3-1 包含针对每个能力的描述，你可以根据自己的情况，在相应的能力上打分。

5 分：完全符合。4 分：比较符合。3 分：一般符合，还有很大成长空间。2 分：不太符合。1 分：非常不符合。

得到总分后，你可以在图 3-2 所示的雷达图中画出自己的能力雷达图，找出自己的待发展项。

表 3-1 初阶培训师能力自评量表

职业素养和能力	能力描述	打分
职业自豪感	（1）喜欢培训工作，自愿成为一名培训师，并以此身份为骄傲	1 2 3 4 5
	（2）乐于与他人分享专业知识与技术，在与他人分享的过程中获得成就感	1 2 3 4 5
	（3）愿意投入一定的时间和精力，用于课程的开发和打磨	1 2 3 4 5
	（4）愿意接受他人的指导与反馈，不断提升授课水平	1 2 3 4 5
	（5）自我约束，尊重原创，尊重版权，遵守培训师的职业道德	1 2 3 4 5
课程开发能力	（1）清楚课程开发的路径和方法论，可以运用系统的课程开发方法和工具进行课程开发	1 2 3 4 5
	（2）课题选择符合组织实际需求，有一定价值	1 2 3 4 5
	（3）在课程开发前做相关的调研工作，让课程开发更精准，更符合实际需求	1 2 3 4 5
	（4）开发的课程逻辑清晰、知识点明确	1 2 3 4 5
	（5）有意识地用通俗易懂的方式做诠释，让学员易理解	1 2 3 4 5

（续）

职业素养和能力	能力描述	打分
演绎呈现能力	（1）可以用恰当的措辞表达观点，流畅地讲授内容	1 2 3 4 5
	（2）注重个人的讲师形象塑造，不做有悖讲师形象的动作	1 2 3 4 5
	（3）在课堂上可以运用适当的语言、肢体动作、情感等方式，增强授课吸引力	1 2 3 4 5
	（4）富有热情地讲解，展现对所讲授课题的热爱，构建个人能量场，有效地带动学员的积极性	1 2 3 4 5
	（5）可以在讲授中加入个人故事、场景化描述等，增加讲授的生动性和可听性	1 2 3 4 5
互动控场能力	（1）在课堂上可以用提问、活动等互动方式，让学员参与到学习中	1 2 3 4 5
	（2）鼓励学员间有更多的合作和研讨，创造一种积极分享的课堂氛围	1 2 3 4 5
	（3）充分做好准备，减少授课中突发情况的产生	1 2 3 4 5
	（4）接纳不同学员的个性和问题，以更加开放的态度来面对学习者	1 2 3 4 5
	（5）针对课堂上的一些突发情况或挑战，用恰当的方式进行处理	1 2 3 4 5
课件制作能力	（1）可以熟练运用PPT等软件，制作美观的课件	1 2 3 4 5
	（2）可以运用丰富的案例、多样化的素材，如图片、表格、小视频等，增加课件的可视化程度和趣味性	1 2 3 4 5
	（3）注意课件配色的合理性、版式和字体的规范性，展现出专业的培训课件	1 2 3 4 5
	（4）课件内容图文并茂、易于理解与学习	1 2 3 4 5
	（5）不断优化课程，形成标准的课件包，包括课程说明书、导师手册、学员手册、培训工具包、相关道具等	1 2 3 4 5

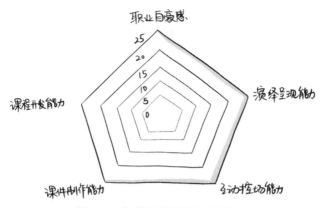

图 3-2　初阶培训师能力雷达图

　　初阶培训师阶段是一个从 0 到 1 甚至到 2、3 的阶段，在这个阶段培训师需要很大的勇气，突破自己的个性局限，突破自己的身份职位，突破自己的知识结构，同时要配合大量的授课实践。实现本阶段突破最快速有效的方式就是进行系统学习与大量实战。

　　没有人天生就是优秀的培训师，每个人都要经历从"量变"到"质变"的过程，在这个过程中也许我们会受到不少质疑，不过没关系，包容自己，放手一搏，享受自己的蜕变，就可以明显觉察到自己更自信、表达更流畅、更言之有物，更有影响力了！

　　你需要做的只是享受过程，静待花开！

中阶培训师阶段

　　中阶培训师的主要特点为：

- 已有 3~5 年的培训经验，对现有的讲解课程已经非常熟悉。
- 不甘于讲解一些基础课程，希望有体现自己专业实力的核心课程或品牌课程。
- 希望用更加多样化的、有突破性的、创新的方式来授课。

我们更倾向于把中阶培训师定义为某一领域的"专家讲师"，他们持续在某一领域深耕，并有深厚的个人积淀，乐于把自己的经验分享给他人。所以，在本阶段培训师需要重点加强的职业素养和能力有：**专业精神、经验萃取能力、案例开发能力、教学设计能力、互动引导能力**。

◎ 小测试

表3-2包含针对每个能力的描述，大家可以根据自己的情况，在相应的能力上打分。

5分：完全符合。4分：比较符合。3分：一般符合，还有很大成长空间。2分：不太符合。1分：非常不符合。

得到总分后，可以在图3-3所示的雷达图中画出自己的能力雷达图，找出自己的待发展项。

表3-2　中阶培训师能力自评量表

职业素养和能力	能力描述	打分
专业精神	（1）愿意针对某一领域进行深入探索，并有志于成为该领域的专家	1 2 3 4 5
	（2）愿意追本溯源，探索更深入的底层逻辑，研究最前沿的技术，成为组织内某专业领域的领导者	1 2 3 4 5
	（3）通读某领域的专业书籍，对专业内各派的理论、观点都有研究、思考与验证	1 2 3 4 5
	（4）针对授课方式，对自己提出更高的要求，不满足于传统的讲授方式，愿意引入更先进的教学理念和教学思想	1 2 3 4 5
	（5）愿意与他人分享，在培训中展现更开放的精神和态度	1 2 3 4 5
经验萃取能力	（1）选择更加深入、专业、新锐的课题进行研究，开发高含金量的课程	1 2 3 4 5

（续）

职业素养和能力	能力描述	打分
经验萃取能力	（2）在课程中，对个人经验进行系统回顾，把脉工作中的重点、要点与卡点，对其进行深度思考，并提炼出解决之道	1 2 3 4 5
	（3）结合业界理论和个人实践，总结提炼出与组织、业务相结合的有效工作模式、方法论或工具	1 2 3 4 5
	（4）致力于把有效的模式、方法或工具、观点等在企业内部做宣传推广，让更多人由此受益，同时推动员工的认知迭代，促进员工能力的提升与发展	1 2 3 4 5
	（5）善于观察其他优秀同事的工作方式，并能总结提炼出可复制的有效方法	1 2 3 4 5
案例开发能力	（1）认同案例教学方式，并对案例教学方法有系统的学习和研究	1 2 3 4 5
	（2）可以把以往工作中重要的、有借鉴意义的工作进行系统梳理，编辑成教学案例，用于学员的研讨与思考	1 2 3 4 5
	（3）可以运用讲故事的方式，环环相扣地讲解案例	1 2 3 4 5
	（4）可以运用人物、图片、视频等多样化表现手法来展现案例，增加代入感	1 2 3 4 5
	（5）可以在案例中提出有效的问题，引导学员对案例进行深度思考和复盘	1 2 3 4 5
教学设计能力	（1）对教学设计的底层逻辑有深入研究	1 2 3 4 5
	（2）清楚常用教学方法如案例教学、游戏教学、研讨、角色扮演等的适用场景与优缺点	1 2 3 4 5
	（3）可以针对不同知识点、不同的教学目标，选择运用不同的教学方式进行教学设计，以达到生动化教学的目的	1 2 3 4 5
	（4）可以根据"教学设计五线谱"合理匹配教学活动，使课程具有节奏感	1 2 3 4 5
	（5）有能力不断对原有课程中的教学活动进行迭代创新设计，以保持课程的新鲜感	1 2 3 4 5
互动引导能力	（1）开始接触引导技术，尝试把引导技术中的一些理念和方式引入到课堂教学的场景中	1 2 3 4 5

（续）

职业素养和能力	能力描述	打分
互动引导能力	（2）可以根据课程内容做出更多引导流程设计，来推动课程节奏	1 2 3 4 5
	（3）在授课中用引导的方式来进行授课，引导学员从听课状态转变为更多参与的状态	1 2 3 4 5
	（4）可以提出高质量的问题，引发学员深度思考	1 2 3 4 5
	（5）在课堂上给予学员更多的开放空间，去碰撞、思考	1 2 3 4 5

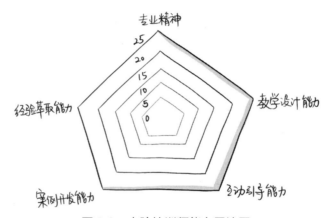

图 3-3　中阶培训师能力雷达图

可以说到了中阶培训师阶段，你已经成为一名很成熟的培训师了。在这个阶段，你更需要的是一种自我提升的内驱力，不断打破原有的模式和知识体系，用开放的思维方式来接纳更先进的培训观念。

大家可能会关心，企业内的培训师可以达到这种水平吗？答案是毋庸置疑的，我看到越来越多的企业已经培养了一批有经验、懂专业、热爱培训的中阶培训师，他们不仅推动专业发展，还推动组织内员工的学习与发展。当然，他们脚步不停，持续成长，最终将成为组织发展中不可或缺的顾问专家！

高阶培训师阶段

高阶培训师的主要特点为：

- 已经有 5~7 年及以上的培训经验，在企业内有了一门或几门有代表性的经典课程。
- 被赋予一种新的责任，即辅导和带教新的培训师成长。
- 部门在制定一些学习项目时，也希望得到他们的专业建议，从而使培训更接地气、更符合实际需求。

总结以上特点，很显然，**他们已经从一名培训师成长为内部顾问！**

当然，企业也会有一些高管，他们对行业有深度的认知和解读，对未来趋势有着精准的判断，他们也是高阶培训师的重要一员。在这个阶段，培训师又有几个新的职业素养和能力等待成长和发展：**内部学习专家、评估反馈能力、业务诊断能力、提问访谈能力、学习项目设计能力。**

◎ 小测试

表 3-3 包含针对每个能力的描述，大家可以根据自己的情况，在相应的能力上打分。

5 分：完全符合。4 分：比较符合。3 分：一般符合，还有很大成长空间。2 分：不太符合。1 分：非常不符合。

得到总分后，可以在图 3-4 所示的雷达图中画出自己的能力雷达图，找出自己的待发展项。

表 3-3　高阶培训师能力自评量表

职业素养和能力	能力描述	打分
内部学习专家	（1）通过大量的培训实践，对员工的学习与成长有自己深入的认知和看法	1 2 3 4 5
	（2）已经充分意识到员工的变化需要"课程＋实战＋辅导"一个循环螺旋过程才能完成，而不是仅仅靠一堂课就可以实现的	1 2 3 4 5
	（3）愿意参与到组织学习项目的设计中，并能提出专业建议	1 2 3 4 5
	（4）愿意推动一些学习项目在组织内实施和落地	1 2 3 4 5
	（5）愿意在组织内发现新的培训人才，并给予无偿支持和辅导	1 2 3 4 5
评估反馈能力	（1）善于梳理评估反馈的标准框架体系，形成一定的评估反馈标准	1 2 3 4 5
	（2）对新培训师的授课给予针对性的评估和反馈	1 2 3 4 5
	（3）在反馈中，善于观察、倾听，并运用教练式反馈技术给予客观反馈	1 2 3 4 5
	（4）帮助新培训师发现个人潜能，并确定其未来进步方向	1 2 3 4 5
	（5）可以对培训后的效果进行科学评估	1 2 3 4 5
业务诊断能力	（1）可以运用系统方法，对现有业务中的问题进行诊断	1 2 3 4 5
	（2）根据问题，运用诊断工具，识别出需要提升的人员能力缺失项	1 2 3 4 5
	（3）根据能力缺失项与专业培训部门研讨合适的人员能力提升方案	1 2 3 4 5
	（4）善于甄别哪些是培训可以解决的业务问题，哪些不是培训可以解决的业务问题	1 2 3 4 5
	（5）根据诊断得出有效的学习提升建议	1 2 3 4 5

（续）

职业素养和能力	能力描述	打分
提问访谈能力	（1）可以与组织管理者进行有效提问，探讨关于人员能力发展的问题	1 2 3 4 5
	（2）可以提出高质量的问题，引发被访谈者的思考	1 2 3 4 5
	（3）提问后可以进行有效倾听，提炼对方的观点和看法	1 2 3 4 5
	（4）在访谈遇到困难时，可以灵活转换提问方式，顺利推动访谈	1 2 3 4 5
	（5）可以引导话题进行深入探讨，以获得明确的方向和目标	1 2 3 4 5
学习项目设计能力	（1）知道主流的学习项目设计的几种理念	1 2 3 4 5
	（2）明晰学习项目设计的思考路径	1 2 3 4 5
	（3）可以运用一系列学习项目工具进行简单的学习项目规划和设计	1 2 3 4 5
	（4）明确学习项目评估的方式，可以用"以终为始"的理念评估学习项目设计的合理性	1 2 3 4 5
	（5）对培训部门提供的学习项目方案提供专业建议	1 2 3 4 5

到了高阶培训师阶段，就不能把眼光仅聚焦在课堂的几十分钟或几小时内，而是应该更多从学习效率和学习成果的转化角度出发，优化学习项目设计，为培训者提供更佳的转化路径，从而改善学习效率和学习成果，达成培训促进改变的核心目的。

经过上述介绍后，相信大家对培训师的成长路径有了清晰的认知，在这条路上，只要明确方向，不断前行，就会得到快速提升。大量培训师都是几年一个台阶，稳扎稳打在企业内成长，在职场中获得了更多的声誉和机会，所以，下定决心，从此刻前行！

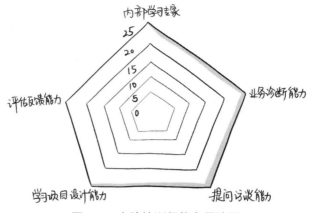

图 3-4　高阶培训师能力雷达图

✸ 本章小结

本章主要分享了企业培训师的三个成长阶段，并阐述了在不同阶段重点发展的一个职业素养和四个能力项。

1. 通过三个阶段的培训师能力分析，判断目前自己处于哪个阶段。

_____

2. 写出自己在接下来的 1~2 年内最急需提升的三种能力。

_____

千里之行，始于足下。明确目标，找到有效成长路径，一定可快速成长！

02

第二部分

成人是
怎样学习的

我们的大脑一直不停地因外界刺激而改变里面神经回路的联结，它是环境与基因的产物：我们的观念会产生行为，行为又会回过头来改变大脑的结构……大脑的可塑性就是指越常用的联结越强，不常用的就被荒草淹没了。

——诺曼·道伊奇
医学博士、多伦多大学精神医学系教授

CHAPTER 4
第 4 章

学习与大脑奖赏系统的关系

💡 思考一下

关于大脑和学习你知道多少呢？请判断以下说法是否正确。

☐ 学习时间越长，效果越好

☐ 学习过程越有趣，效果越好

☐ 学员应该根据自己的生物钟来安排学习内容，有的人适合早上学英语，有的人则是晚上

☐ 阶段小结对学习有帮助

☐ 当学员遇到困难时，应该直接告诉他答案

☐ 学习不需要阶段测试，直接在学习结束时来一次大测试即可

我们的大脑是如何学习的？学习时大脑里发生了什么？又是什么东西促使人们愿意持续学习的？科学家们一直没有放弃对这些问题的研究，其中以行为学派的研究为起点，直至现代各种脑成像技术和光遗传学技术的成熟，这方面的研究已经从可观察的行为级别深入到对脑细胞中化学物质进行检测的分子级别。

斯金纳是行为学派中一个极具争议性的代表人物，他设计和做过的

一些实验至今还在影响着人们。斯金纳曾以 8 只鸽子作为实验对象，在实验进行前的几天里，斯金纳只喂这些鸽子很少的食物，以便在实验时让鸽子处于饥饿状态。这样做的目的就是增强鸽子寻找食物的动机，让实验的效果更明显。

斯金纳将饥饿的鸽子放入专门设计的"斯金纳箱"（见图 4-1）中。这个箱子里装有食物分发器，而且食物分发器被设定为每隔 15 秒就自动放出食物。也就是说，不管鸽子做什么，每隔 15 秒它都

图 4-1　斯金纳箱

会获得一份食物，这是一种对它之前行为的强化。

之后，斯金纳让每只鸽子每天都在实验箱里待几分钟，对其行为不做任何限制，只是观测记录鸽子的行为表现，尤其是两次食物放出期间的行为表现。结果他发现，一段时间之后，鸽子们在食物发出之前的时间里，会表演一些古怪的"舞蹈"：有的鸽子在箱子里逆时针转圈；有的鸽子反复地将头撞向箱子上方的一个角落；还有的鸽子的头和身体呈现出一种钟摆似的动作，它们头部前伸，并且从右到左大幅度地摇摆。

鸽子为什么会如此疯狂呢？斯金纳认为，鸽子的"舞蹈"行为因其"舞蹈"之后食物的出现而被鸽子保持下来。也就是说，鸽子认为，是它们之前的这些古怪的"舞蹈"行为让它们获得了奖赏——食物。因此，为了再次获得食物，它们更加卖力地表演"求食舞"。

为了验证这个假设，斯金纳停止向箱子里投放食物。起初，鸽子仍旧卖力地表演"舞蹈"，但慢慢地，鸽子发现，任凭它们怎样卖力地表演，也没有任何食物出现了。于是，鸽子相继停止了表演。

由此，斯金纳提出了对心理学的发展起到重大促进作用的强化理论，这个理论可以这样理解：

- 人与动物一样，都是有目的地开展行为。
- 当某种行为的后果对人有激励作用时，这种行为就会在以后重复出现；相反，如果这种行为的后果是给人带来一些损失或不利，这种行为就可能减弱或消失。
- 当奖励或惩罚作为一种目的强化物时，强化的时间规律性决定强化效果。

我们非常好奇的是，当鸽子跳起疯狂"舞蹈"的时候，它们的大脑里面发生了什么？

现代的大脑科学基本上能够告诉我们，鸽子出现这种行为是由于鸽子大脑中的奖赏系统被激活了，更具体地说，是食物的投放让鸽子的大脑分泌了多巴胺，而食物的获得又强化了这种效应。斯金纳后续的实验证明人类的大脑也是类似的。

人类在漫长的进化过程中，为了生存和繁衍生息，大脑逐渐进化出了**"奖赏系统"**。每当面临有利于生存和繁衍的情景时，大脑就会通过分泌多巴胺这种"快乐分子"来奖赏自己，让自己产生一种"快感"。作为奖赏化合物，多巴胺是影响奖赏系统（情绪、满足感、幸福感、专注力、学习力、运动）的神经递质，它在评估可选择的潜在回报方面发挥重要作用。实验表明，只有在面对预示回报的信号时，生成多巴胺的神经元才会变得更活跃。愉快和痛苦两种信号都影响多巴胺的分泌，以吸引我们的注意力，让我们采取有利于生存的行为。

为大家讲解以上这些，就是希望培训师懂得大脑奖赏系统的作用和意义，以便在课堂上适当刺激学员多巴胺的释放，从而帮助学员集中精力专注于与目标一致的学习任务，并帮助学员更轻松地做出决定。例如，当我们想吃巧克力的时候，多巴胺就会被释放出来，这种信号会促使我们去寻找巧克力。吃巧克力本身又有助于多巴胺的释放，这时候的信号便是提醒我们需要再吃一块，因为第一块巧克力的美味让我们感觉良好。如果学习的过程如同不断地品尝美味巧克力，那该多么美妙。所以培训师可以在学习的不同阶段都埋藏"巧克力"，让学员像寻宝一样，不断激活大脑的奖赏系统，完成学习之旅。

复杂的大脑

当然，大脑的奖赏系统里不只有多巴胺，科学家已经发现了几百种神经递质和激素，共同作用于大脑，从而使人产生相应的行为。其中人们比较熟知的有以下几种。

（1）胺多酚也称内啡肽，是一种内成性（脑下垂体分泌）的类吗啡生物化学合成物激素。它是由脑下垂体和脊椎动物的丘脑下部所分泌的氨基化合物（肽），它能与吗啡受体结合，产生止痛效果和愉快感，等同于天然的镇痛剂。"跑步者的愉悦感"是指当运动量超过某一阶段时，体内便会分泌胺多酚。长时间、连续性的、中量至重量级的运动和深呼吸也是分泌胺多酚的条件。长时间运动把肌肉内的糖原用尽，只剩下氧气，胺多酚便会分泌。这些运动包括跑步、游泳、越野滑雪、长距离划船、骑单车、举重、有氧舞蹈和球类运动。

（2）血清素会影响人的胃口、内驱力以及情绪。科学家通过对大脑活动的观察发现，在血清素含量低的时候，大脑中额叶部位和杏仁核部位之间的信号联系就会减少。杏仁核部位与愤怒情绪有关，而额叶部位发出的信号可以帮助我们控制这种愤怒。因此，在缺少作为"信使"的血清素时，"理智"的额叶就难以控制"愤怒"的杏仁核。该项研究最终发现了血清素在负责理智和愤怒的大脑部位之间充当信使的机制。血清素的别称是"地位化合物"。

（3）压力状态下身体需要皮质醇来维持正常生理机能。如果没有皮质醇，身体将无法对压力做出有效反应。若没有皮质醇，当狮子从灌木丛中向我们袭来时，我们就只能吓得在原地目瞪口呆、动弹不得。然而借由积极的皮质醇代谢，身体能够启动起来逃走或者搏斗。人人都有压力，那些承受重复压力的人、或者生活节奏紧张的人、或者正在节食的人、或者每晚睡眠少于 8 小时的人，都很有可能长期处在压力状况下，从而使他们的皮质醇水平长期偏高。这时皮质醇的负面效应开始显现为新陈代谢的变动：血糖升高、食欲增加、体重上升、性欲减退以及极度疲劳等。因此，皮质醇的别称是"压力荷尔蒙"。

由于胺多酚的存在，我们能够努力工作和从事艰苦的劳动。而我们制定目标并愿意集中精力达成目标，则来自能产生激励作用的多巴胺。当我们关心的人取得了重大成就，或者我们让那些关心我们的人感到骄傲时，我们就会产生自豪感，血清素正是这种自豪感的源泉。皮质醇则能让我们在面临压力时及时做出反应，战或逃。

课堂奖励和惩罚的选择规则

当学员出现一种培训师期望的行为时，对其施加奖励，会增加他以后出现这种行为的概率。那么，如果学员不出现这种行为，该施加奖励还是惩罚呢？

斯金纳的强化理论是这样认为的：强化作用可以分为积极强化作用和消极强化作用。积极强化是通过增加某种愉快刺激来提高期望行为的发生次数，因此又叫作正强化；消极强化是通过减少或消除不愉快的刺激来提高期望行为发生的次数，因此叫作负强化。虽然两者的方式不同，但最终都能够发生期望的行为。

举个简单的例子：

一位老师希望学员先举手再发言，先举手再发言就是一种期望的行为。学员 A 能在老师提问的时候积极举手发言，老师就会用加分的方式来奖励他的这种行为，得到奖励后的学员 A 就会更积极地举手发言，这就是一种积极强化作用。

学员 B 没有举手就开始发言，老师就不会奖励学员 B 分数，为了得到加分奖励，学员 B 在老师下一次提问时就会先举手再发言，而不是抢着说话，这就是消极强化作用。

惩罚的目的在于减少不良行为出现的次数，而积极强化和消极强化都是为了增加期望行为出现的次数，这就是它们的根本区别。因此，只有在学员做出那些严重影响课堂的行为（如大声喧哗）时，老师才可以采用惩罚来削弱这种行为。作为强化理论的提出者，斯金纳并不提倡惩罚。因为惩罚只能消除某一不良行为，却不能保证出现这个不良行为的对立面——期望的积极行为。

比如，处罚上课迟到的学员。学员们最多会怕被处罚而准点来到课堂，绝对不会因为受到处罚就提高了学习的积极性，自觉早早来到课堂。

因此，斯金纳主张用消极强化代替惩罚，当某一行为得不到强化时，该行为就会渐渐消退。对不良行为不予注意，对良好行为给予奖励，不良行为就会逐渐消退，而好的行为就会得到保留。不知这个建议对各位老师有没有启发呢？

❀ 本章小结

本章主要分享了大脑奖赏机制与学习之间的关系，以及如何更好地利用强化理论提高学习效率。你可以结合个人情况，做出以下思考：

1. 如何结合多巴胺的特点，提高课堂上学员的兴趣度？

_____

2. 如何让学员建立长期学习目标，又是哪些物质能激发学员的长期学习目标？

_____

3. 在课堂上如何奖励或惩罚学员的某些行为？请举例说明。

_____

CHAPTER 5

第 5 章

TOM 模型：成人学习的三个特征

💡 思考一下

请写下 10 个关于成人学习特征的关键词，比如有趣、严谨、参与、专业等。

_____

_____

专家研究表明，成人的学习特征可以用三个关键词来概括：信任（Trust）、自主（Oneself）和有意义（Meaning），我们将它称为 TOM 模型，下面将展开讲解这三个概念。

信任

1968 年，罗森塔尔教授和他的助手贾可布森来到一所小学，在学生中进行了一次煞有介事的"未来发展测验"：他们从一年级到六年级中各选 3 个班，然后在学生名单上圈了几个名字，告诉老师这几个学生智商很高、很聪明。8 个月后，他们又来到这所学校进行复查，奇迹出现了，那几个被选中的学生真的成为班上的佼佼者。他们的成绩有了显著进步，而且性格更加开朗，求知欲望强，敢于发表意见，与老师的关系也特别融洽。

这时，老师们纷纷上前请教心理学家如何才能具有这种"慧眼识得千里马"的技能。这时罗森塔尔教授缓缓道出了真相：他们进行的是一次关于期望的心理实验，而之前他们提供的名单纯粹是随机抽取的。

在罗森塔尔实验中，通过心理学家的暗示，老师们对名单上的学生充满了坚定的信心，并从眼神、笑容、音调中流露出喜爱和热情。而这些学生潜移默化地受到影响，因此变得更加自信，充满奋发向上的斗志，于是他们在行动上就不知不觉地更加努力学习，结果理所当然地取得了飞速进步。这就是常说的"自我实现的预言"，你相信学生是什么，他们就将会是什么，这就是所谓相信"相信的力量"。

当我们真正感受到人与人之间的信任时，我们体内释放出来的后叶催产素能够让那些在高压力、充满皮质醇的环境下产生的负面效应发生逆转。

血清素提升我们的自信，激励我们去帮助他人，并让我们的领导为我们自豪。

后叶催产素能够缓解压力，提高我们对学习的积极性，并提升我们的认知能力，使我们能更好地解决复杂问题，同时它还能改善我们的免疫系统，降低血压，降低我们的欲望，最重要的是，它能激励我们团结合作。

在商业社会中，因信任而产生巨大效益的例子比比皆是。

3M 公司有个著名的"15% 规则"。1902 年，5 个年轻人创立了 3M 公司，几年后，同样年轻的威廉担任公司总经理。威廉走马上任后的第一件事，就是投资 500 美元开辟出一个 5 英尺 ⊖×11 英尺的角落储藏室，

　　⊖　1 英尺 =0.3048 米。

作为公司的第一个实验室。与此同时，他提出了"15%规则"。这个规则规定：研发人员每个星期可以拿出15%的工作时间，用来研究自己感兴趣的东西。对于威廉的这个举动，很多同事并不看好。他们甚至对威廉提出的"15%规则"冷嘲热讽："让研发人员每天躲在实验室去浪费时间吗？有那闲工夫，还不如让他们在工业流水线上多拧几颗螺丝钉呢。"

可随后公司的发展，让大家对实验室彻底改观。在威廉的带领下，实验室成果频出。1914年，实验室推出了第一个独家产品——研磨砂布，大受欢迎；1925年，公司一个名叫理查德·德鲁的员工独自发明了"玻璃纸+粘胶"的透明胶带，这种胶带方便、实用，很快成了家喻户晓的世界性产品；20世纪40年代，他们发明了用于高速公路标识的反光膜；20世纪50年代，他们发明了录音磁带和录像带……数据显示：在100多年间，3M平均每两天就研发出3种新产品，品类超过6000种，包括无痕挂钩、便利贴、信用卡、百洁布和拖把等。3M向全球近200个国家的顾客提供多元化及高品质的产品及服务。3M在全球超过70个国家经营业务，在38个国家设有工厂，在35个国家拥有实验室，年营业额超过300亿美元，成为名副其实的世界500强企业。在福布斯全球最具创新力公司评比中，3M公司曾位列第三，仅排在苹果和谷歌之后。

ⓐ 小测试

下列是对培训有关的评价，请在跟"信任"有关的句子前面打钩。

1. 课程参与性很强。

2. 老师允许课堂上有不同的意见。

3. 老师的讲解清晰明了。

4. 我能接触很多案例。

5. 与我的工作有关。

6. 我可以随时提问。

7. 它让我不觉得自己傻。

8. 培训师"用我的语言讲课"。

9. 课程很有互动性。

10. 我可以在课堂上实践学到的东西。

11. 我的表现得到反馈。

12. 课堂气氛轻松幽默。

13. 我觉得我受到了尊重。

14. 有很多双向交流。

15. 我知道自己在做什么。

请你写出更多建立课堂信任的方法：

_____

_____

_____

_____

自主

"自主"的字面意思是"自我做主"，它的前提是能认识"自我"，然后是"做出选择"。自我意识就是对自我的认知，就是将自己和环境中别的事物及个体区分开的认知。对于人类而言，自我意识包括多个层面：首先，我们有对自己身体的认知，明白自己身体各部分的状态以及所处的位置等；其次，我们有对自己心理状态的认知，明白自己的情绪、性格、能力等；最后，我们有对自己在社会中所处位置的认知，明白自己与他人的关系等。那么我们是怎么研究这个看不见、摸不着的"自我意识"的呢？

没有什么问题能难得住聪明的科学家。1970 年，心理学家戈登·盖洛普设计提出了"镜子测试",专门用来测试婴儿和动物的自我意识。当婴儿睡着的时候,在宝宝的脸上涂抹无毒无味的颜料,醒来后的宝宝如果对着镜子用手去抓脸上的颜料并试图擦掉,我们就认为宝宝具备了"镜像自我识别"的能力,此能力可以用来反映自我意识,以上测试方法叫作镜前的"标记测试"(见图 5-1)。

图 5-1   标记测试

通过这种测试,科学家发现人类的自我意识并非与生俱来,婴儿一般要到两岁时才能通过"标记测试"。在动物之中,成年的黑猩猩、海豚和章鱼也有自我意识。

成年人喜欢自己做决定,"自主决策"是成年人的特点之一,对学习来说,它包含了两大价值。其一,自主决策需要收集信息,然后进行分析,提出所有可行的方案,然后权衡每种方案可能带来的结果,最后对各种选择进行筛选,找出看起来最合适的方案。所有这些心智活动都可以极大地促进学习和记忆,还能提高未来的工作成效。其二,学习者在决策中的自主程度越高,他对决策结果的重视程度就越高,没有人反对自己的选择。

学员希望别人把他们当成独立、有能力的个体,他们需要得到尊重,哪怕在犯错的时候也需要尊重。尊重是实现自主的基本要素之一,尊重使得学习者有勇气尝试、有勇气犯错,不必有太多顾虑。在很多时候,成年人比儿童脆弱,他们害怕失败或者丢脸。所以,当学员面临挑战时,培训师应该给予积极的鼓励,比如可以说"试试看、别担心、没关系,如果不成功也不要紧"。

自主意识还包含了另一层含义:"自愿法则"。我们都知道有一个著名的"空杯原则",当杯底朝上,杯子是封闭的时候,我们是没法往杯子里加哪怕一滴水的。

实现自愿法则很简单：关注学员的需要。你的培训必须能够回答学员的问题：这个课程对我来说有什么用处？成年人对学习需求的程度决定了他们的学习效果，当他们决定敞开心扉，打开思维的时候，他们也就做好了学习的准备。

⊚ 小测试

下列是对培训有关的评价，请在跟"自主"有关的句子前面打钩。

1. 老师清晰解答我的问题。

2. 老师把我的问题拿出来让大家讨论。

3. 老师做出很好的示范。

4. 老师让学员自己练习。

5. 老师呈现的内容结构完整、逻辑严密。

6. 老师呈现的内容灵活、有弹性。

7. 老师让学员多观摩。

8. 老师让学员多演练。

9. 老师掌握课堂进度。

10. 老师让学员掌握课堂进度。

11. 老师能及时地给予反馈。

12. 老师能让学员自己反思。

请你写出更多建立学员自主性的方法：

_____

_____

_____

_____

_____

有意义

◎ 小测试

1. 请问下面一组图形的第 23 个图形是什么？

2. 请问下面这组数字后面的括号里应该填什么数？

1、2、4、7、11、16、（　　）、（　　）

3. 这里有 8 个一模一样的球，其中有一个比其他几个要轻，给你一个天平，但是没有砝码，且只能称两次，请把最轻的那个找出来。

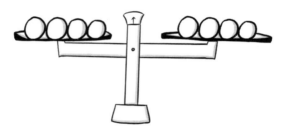

相信聪明的你很快就找到了答案，这说明我们的大脑很擅长在一堆信息里去寻找规律，这个规律代表着某种意义，帮助我们对信息进行编码和储存。

在学习中，信息对个体是否有意义比信息是否被个体理解对信息储存的影响更大。过去的经验就像一个过滤器，帮助我们注意那些跟自身有关的、有意义的事情，抛弃那些没有意义的事情。如果学员在学习结束时都没有发现学习的意义，那么学习内容就不太可能被记住。

那么意义是指什么呢？每件事情不都是有意义的吗，学习材料不都是有意义的吗？

意义是指学员附加到新学习中的关联性。意义并不是内容本身所固有的，而是学员将之与过去的经验联系在一起的结果。在课堂情境中，当学习材料可以被理解并对个体有意义时，学习者才更有可能持久地储存这些信息。在这里，可以被理解是指学员能在过去经验的基础上理解所学的内容。而对个体有意义是指学习的内容与学员有关。

因此，意义是非常个人化的事情，在很大程度上受学员先前经验的影响，同样的学习材料可能对一个学员很有意义，对另外一个学员却意义不大。

大脑皮层的关键特征之一是能够觉察和创建意义模式。 学习是不断从混乱不清的信息中抽出意义模式。那么，对大脑而言，什么样的信息才是有意义的信息呢？有意义的信息通常包括以下三个特点：①相关性，把无关联的信息片段集合成一个大的信息模式，以突出其间的关系和联系；②情绪，激发积极或消极的情绪反应；③背景模式，对学员的个人生活产生影响和冲击。学习如果失去了意义，学员就会丧失到达终点的兴趣和内在动机。

《创设联结》的作者凯恩夫妇提出了意义的两个关键维度：一个是创造性的洞察力和对意义的感知，我们称之为感觉意义；另一个是意图，它是深层意义的核心。凯恩夫妇认为，有意义学习是建立在创造性基础之上的，这种创造性也是学员在教育中所能经历的快乐的源泉。深层意义指驱动我们并控制我们的目的感的任何事物，它是内在动机的核心。

综上所述，让信息有意义的最有效的途径之一是将新概念与已知概念进行联系或比较，将不熟悉的信息与熟悉的信息挂靠起来。每个人都可以用自己的方式理解事物，因此，个人的先前经验有重要的价值。

下面是几条帮助你建构意义的方法：

- 坚持预先呈现，鼓励学习者较快和较深入地学习。在正式开始讲授之前，向学员预先呈现你的主题全貌。
- 预习要用到的信息。预习方式可以多样，比如角色扮演、模拟情景、玩游戏等方式，都可以潜意识地向学员呈现新的学习。

- 在开始新课题之前，要求学员讨论他们已经知道了什么，形式可采用头脑风暴、测试、角色扮演等。

❀ 本章小结

本章主要分享了成人学习的特征：信任、自主、有意义。你可以结合个人情况，做出以下思考：

1. 如何提高课堂上的信任度？请举例说明。

———————————————————————————————

2. 有哪些行为可以提升学员在课堂上的自主性？

———————————————————————————————

3. 有哪些方法可以帮助学员找到学习内容的规律？

———————————————————————————————

4. 举例说明讲授法和案例教学法分别符合成人的哪些学习特征。

———————————————————————————————

CHAPTER 6

第 6 章

当学员开始反思的时候

💡 思考一下

大家可以先做一个小游戏，你要精确地量出 4 升水，但只有一个 3 升的和一个 5 升的杯子，如何做到？请详细说明你的步骤。

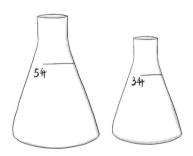

不要直接告诉学员答案，只要耐心地给一点时间，大部分人都能找到答案。学员自己找答案的过程中，学习就发生了。

老师要创造让学员反思然后自己得出结论的机会，这样他们才能真正理解你想要告诉给他们的理论。

当学员开始反思的时候，学习开始发生；当学员开始内省的时候，智慧开始出现。所以培训师的一个主要任务就是在课堂上努力创造让学员反思和内省的机会。

从学习内容来说，培训师在课堂上并不是讲得越多越好、讲得越快越好、讲得越长越好；而是相反，所以我们说少就是多、慢就是多，因为只有这样学员才有时间反思和内省。

培训师往往很害怕课堂上突然出现静默，大家都不出声，静得连一根针落地都能听得见，好像会发生什么事情；或者培训师提出问题后，没有人来回答问题。所以培训师就急急忙忙、滔滔不绝地给出自己的答案，不给学员的大脑留出思考的空隙。其实，有经验的培训师往往会故意在课堂上制造出这种停顿，让学员思考消化，让学习内容迁移转化。

少就是多

从教学内容来说，由于人的工作记忆容量有限，一次性处理的新项目数目在 7 个左右。老师为了完成教学任务，在一堂课中讲尽可能多的知识，并且砍掉那些看似额外或没有价值的活动，如反思、讨论、同伴分享等，其实违背了认知的基本规律，不利于学员学习。

同时，短时记忆要转化为长时记忆，需要学员进行有意义的学习，让学员通过一种对个人有意义的方式来巩固和内化信息，从而达到对知识的理解。因此，老师应该讲授核心的概念，并通过各种方式和途径，将其与学员已有的经验紧密联结，从而产生有意义的学习。这样习得的知识具有更大的迁移价值。

如果老师一次性教给学员过多的知识，而没有时间让学员去建立意义，学员就很难真正理解这些知识，也就很难记住这些知识。因此，与其讲很多概念和知识，不如将少数核心的概念讲透，与学员的生活经验联系起来，这样学员对这些核心概念的理解就会更加深刻，其学习迁移能力也就更强。

慢就是多

从教学节奏来说，由于大脑学习与记忆有一个遗忘的过程，没有重复学习的过程，很多知识是不会进入长时记忆的。慢下来，让学员不断回顾所学内容，对所学内容进行练习与加工，赋予学习新的意义。

回顾时间要安排得合理，要根据遗忘曲线来进行。巴洛格（Balogh）提出了一个"20-2-20"法则。

"20"是指在 20 分钟内重点解释。在一堂课的头 20 分钟内，让学员用不同的形式，如同伴讨论、课堂讨论，重点解释他们刚学的内容。

"2"是指在两天内复习并应用。在开始学习的头两天内，要求学员复习并应用新的知识。经常采用的形式有思维导图、写作片段或解决相关的问题。

"20"是指在 20 天内反思和更多地应用。形式可以有辩论、写作、角色扮演、讨论、小组分享等。

这种方法看似多花了时间，节奏慢了下来，但是能让学员对知识的掌握更加牢固，他们留在大脑中的知识其实更多。

大师椅练习

让学员两两一组，其中一人坐在一把椅子上，告诉他这是一把神奇的大师椅，坐在上面的人就是大师级人物（亲爱的读者朋友这个时候也可以想象自己就坐在这样一把椅子上，并拿起笔，补写下面的语句），坐在上面的学员闭上眼睛，另一名学员按下面的问题逐条提问。

- 现在他的状态很好……
- 他的样子让我想起了……
- 当他行动时……
- 他的注意力……
- 他的面部表情……
- 他的声音就像……
- 他不惧怕……
- 他不因为……而感到羞愧
- 无论什么时候，他都准备好……
- 他的时间安排是……
- 他有一种……的品质
- 他知道……
- 当他呼吸时……
- 他有一种……的魅力
- 他就像一个……的人
- 你可以说他是一个……的人
- 他天生就……
- 他有……的习惯
- 他知道自己状态很棒，因为……

下面是作者做这个练习的答案，每个人都可以有自己的答案，没有所谓标准答案。

- 现在他的状态很好，他正在很从容地喝茶。
- 他的样子让我想起了茶道大师。
- 当他行动时，动作简洁流畅，有一种自然的韵味。
- 他的注意力集中在沸腾的水中。

- 他的面部表情平静从容。
- 他的声音就像禅师的声音一样不急不慢。
- 他不惧怕任何外来的影响。
- 他不因为无知而感到羞愧。
- 无论什么时候，他都准备好体验生活。
- 他的时间安排是充实的。
- 他有一种品质——朴实无华、返璞归真。
- 他知道自己想要的是什么。
- 当他呼吸时平静深沉。
- 他有一种世界尽在掌握中的魅力。
- 他就像一个充满智慧的人。
- 你可以说他是一个睿智的人。
- 他天生就懂得生活。
- 他有自我修炼的习惯。
- 他知道自己状态很棒，因为他喝一杯茶都可以喝得如此从容。

你可以自己添加这样的句型。这个练习来自珍·雅芬女士的一堂教练课，我们当时体会特别深。大师椅这个工具的原理基于许多人盼望过一种僧人般简朴的生活。人生实在太复杂，有太多事情需要去平衡。我们总觉得一旦有了充裕的时间和空间，自己的生存状态一定能更好些，一旦能够了断尘缘，就能达到大师的境界。

实际上自我修为对每个人都是现实的。只要遵从本我，遵从世界的规律，探寻更高层次的人生目标并汲取能量和智慧的源泉，放下浮躁焦虑的心，我们渴望的答案自见分晓。无须刻意追求，代之以开放、当下的心态去面对世界，定能发现心灵的安逸、信任与平和。这就是内省的智慧。

人类大脑的奇妙之处就在于大脑不但能思考，而且能思考自己正在如何思考，并思考该如何思考才是更好的思考，进而培养自己的思考习惯以促进更好的思考……这种对认知的认知、对思考的思考、对学习的学习、对自我控制的控制，被心理学家称为"元认知"，是人类最了不起的智能：内省和自我觉察能力。

✿ 本章小结

本章主要分享了在学习中反思的重要性，你可以结合个人情况，做出以下思考：

1. 什么时候学习才开始发生？

_____

2. 如何让学员真正反思？

_____

3. 请举例说明你对"不愤不启，不悱不发"的理解。

_____

4. 请设计一个类似"大师椅"的练习。

_____

03

第三部分

开启精彩
的授课

夫子循循然善诱人，博我以文，约我以礼，欲罢不能。

——《论语·子罕篇》

CHAPTER 7
第 7 章

我的授课哪里出了问题

💡 思考一下

当你站在讲台上授课时，你希望自己是什么风格的培训师？可以在下面符合你的想法的选项上打钩：

☐ 灵活开放

☐ 思维敏捷

☐ 友善亲和

☐ 知识渊博

☐ 风趣幽默

☐ 形象专业

☐ 其他想法：＿＿＿＿＿＿＿＿＿＿＿＿＿＿＿＿＿

无论你选择成为哪一种风格的培训师，在每一次授课时都要有意识地往心目中的自己靠近，这样才能逐渐变成自己想要的样子！

理想很丰满，现实很骨感

好莱坞系列大片《速度与激情》相信不少人都看过，很多人狂爱这个系列，其中的大场面足够炸裂炫酷，处处体现速度与激情，让人心跳加速。最让人回味无穷的是每一集里面不可或缺的赛车盛宴。无论在什么复杂恶劣的路况下，开的是什么配置的车，男主角都能巧妙地摆脱对方的追逐，扬长而去，留下对方在原地气急败坏。

为什么男主角可以每次都成功？关键因素是男主角已具有足够纯熟精湛的车技，对车辆的驾驭已达到出神入化的境界。这是一名新手司机梦寐以求的境界。这对于一名新手培训师来说，也是一样的。每个培训师都希望自己一战成名，希望自己的授课像资深培训师那样圆满成功，在收获掌声的同时，还有无数赞赏。

那第一次会如此顺利吗？让我们看以下几个场景。

◎ 场景 1

小王是一名培训师，今天是她第一次授课。虽然之前也做了准备，但是当她踏上讲台的那一刻，看到台下几十双眼睛齐刷刷地看着自己，小王一下子就慌了，脑子里一片空白，原来打算讲的内容全都不记得了，额头和鼻子都在冒汗，脸色苍白，眼睛不知道该往哪里看，嘴巴似乎也不听使唤了。

◎ 场景 2

小李今天开展了 1 小时的培训，开场比较顺利，当中也和学员进行了互动。正当他以为本次培训一定会圆满成功的时候，设备突然出现了问题，PPT 怎么都放映不出来，小李满脸尴尬，急忙找助教解决问题，两人花了十几分钟，终于 PPT 又可以在屏幕上显示了。这时他看了下表，发现离下课的时间只剩下 15 分钟了，而内容还剩很多，估计讲不完了。

@ **场景 3**

　　小赵是高级工程师，专业过硬，工作经验丰富，今年刚当上公司的培训师，培训任务是给新员工传授岗位专业知识及技能。在正式登台之前，小赵很认真地备好了课，也恨不得把自己的知识全部教给学员，小赵觉得像自己这么认真的培训师，肯定会大受学员欢迎。不料当正式上课时，他发现台下学员有的哈欠连连，有的在偷偷玩手机，有的频频看手表，还有的在聊天。小赵陷入了沉思：第一堂课究竟问题出在哪里了？

　　以上只是 3 个常见的场景，实际上新手培训师开启第一次授课的时候，问题还有很多。现在请你做一个测试（见表 7-1），回想最近一次培训，看是否有以下问题。

表 7-1　培训师授课常见问题自测表

序号	问题描述	是否出现 （是填"√"，否填"×"）
1	动作慌乱，喉咙紧缩，内心焦虑	
2	心里害怕，手脚不自觉抖动	
3	眼神躲闪，不敢看学员	
4	照本宣科	
5	啰唆	
6	结结巴巴	
7	口头禅、语气助词过多	
8	词不达意	
9	身体晃来晃去	
10	写板书时背对学员	
11	肢体动作僵硬	

（续）

序号	问题描述	是否出现（是填"√"，否填"×"）
12	频频出现无意识的小动作，如撩头发、拽衣服、揉鼻子等	
13	穿着打扮不能体现专业形象	
14	语音语调很平，像一条直线	
15	声音太小，学员听不清；声音太大，学员觉得刺耳	
16	讲话过慢或过快	
17	讲的内容与学员需求不太匹配	
18	内容枯燥无趣	
19	课程结构逻辑混乱	
20	素材不够吸引人	
21	内容含金量不够	
22	理论过多	
23	学员对课件内容有异议或不认同	
24	出现冷场，没人回答问题	
25	培训时间过长或过短	
26	设备出现故障，影响培训	
27	学员走神，或玩手机，或打瞌睡	
28	培训现场秩序混乱	
共计		_____ 问题

通过对照，请自我判断：

- 如果出现的问题少，那么恭喜你，你距离优秀培训师只有一步之遥。

- 如果出现了一些问题，那么你还需要刻意练习，把培训技术融会贯通。

- 如果出现的问题多，建议你要深挖原因，对症下药。

剖析问题，对症下药

让我们再回看一下自测结果，剖析一下各类问题背后的原因是什么。

- 如果问题主要集中在第 1~3 个，说明要舒缓心理紧张。
- 如果问题集中在第 4~8 个，说明语言表达能力需要加强。
- 如果问题大多出现在第 9~16 个，要在专业台风方面下功夫，包括形象、动作、声音及感情。
- 如果在第 17~23 个出现了问题，需要在课程开发与设计上好好打磨。
- 如果在第 24~28 个问题上感觉有难度，说明在与学员交流互动上要花些心思，要做好场控。

万事开头难，这些问题都会随着持续的学习、训练、反思而逐步减少，所需要的就是发现自己每一天的改变！

✸ 本章小结

本章主要分享了培训师初次登台的常见问题，按类型来分，这些问题主要分为心理紧张、语言表达、专业台风、课程开发及交流互动。你可以结合个人情况，做出以下思考：

1. 如果培训师在培训时，学员出现走神、注意力不集中的情况，培训师应该在哪方面改进？

_____

2. 在心理紧张、语言表达、专业台风、课程开发及交流互动这五部分，哪个部分是你目前做得比较好的，哪个部分是你最想提升的？

_____

3. 如果用 1~10 分为自己想要提升的部分打分的话（1 分最低，10 分最高），你目前是几分？你希望自己提升到几分？

_____

4. 从目前到你想要的状态，你计划如何提升？打算用多长时间完成？

_____

CHAPTER 8
第 8 章

授课前必做的三项准备

💡 思考一下

"工欲善其事，必先利其器。"想要提高初次登台的成功率，登台前的准备必不可少。以下有关准备的描述，请你思考一下，哪些是对的，哪些是有偏差的。

☐ 授课前要了解学员背景

☐ 课件内容按照自己的想法去开发即可

☐ 最重要的是准备好课件

☐ 登台前需要准备的物料是手提电脑

☐ 场地布置无法控制，只能顺应现实

充分的准备会大大减少教学事故的发生，要做好充分的准备，展现淡定从容的自己。

"孤独站在这舞台，听到掌声响起来，我的心中有无限感慨，多少青春不再，多少情怀已更改，我还拥有你的爱。像是初次的舞台，听到第一声喝彩，我的眼泪忍不住掉下来，经过多少失败，经过多少等待，告诉自己要忍耐。掌声响起来，我心更明白，你的爱将与我同在。掌声响起来，我心更明白，歌声交汇你我的爱。"每次听到这首经典老歌《掌声响起来》，我都会百感交集，这首歌又何尝不是培训师的心路历程及真实写照。

我永远也忘不了第一次授课的情景。在如愿以偿成为一名准培训师后，为了尽快上手工作，我主动做好"四多"。

- **多学习**。加班加点多学习培训资料，遇到不懂的问题就多问带教老师，上下班路上也在思考每页 PPT 如何讲。
- **多观摩**。在带教老师上课的时候，注意她是如何授课的，如何把课堂气氛调动起来，如何把一个晦涩难懂的知识点讲清楚，如何时刻注意学员的表情及反应。
- **多了解**。多与学员交流，了解学员想法和困惑点，了解他们对哪些知识点更有兴趣，哪些知识点觉得更难掌握。
- **多模拟**。一有空，我就会设想如果我站在讲台上，应该如何开展我的第一课。看到培训教室没人时，我还会去试讲一下。

有一天，带教老师照例在授课，突然提示我，让我上台给学员讲一段。虽然没有任何心理准备，但我还是对自己说"你可以的"，深呼吸一口气后，就带着微笑上台了。从教室后面到讲台这短短的十几米路程，平时的演练就像电影一样一幕幕在我脑海里面放映出来。我在台上从容地讲授了十几分钟，结束时我看到了带教老师欣慰的眼神。

第一次成功登台给了我极大的鼓舞，也坚定了我在培训师这条路上继续走下去的信心。这个行业和演员很相似，你要默默练习，然后惊艳所有人。

"凡事预则立，不预则废。"要做好一场培训，我们需要做如下准备工作。

- **课程内容**。讲什么课题？讲什么重要的知识点？用什么素材？
- **物料道具**。要准备哪些物料道具来辅助授课？
- **场地布置**。培训教室应该怎么布置？不同的布置会产生怎样的影响？

在上述准备中，课程内容准备是关键，物料道具会让呈现如虎添翼，场地布置则会辅助营造良好氛围。

课程内容准备

"没有调查就没有发言权"这个著名的论断告诉培训人一个真理：要做好培训就要深入相关方进行调研，了解清楚背景、需求后再有针对性地开展培训。

当你要去讲课时，通常会面对两种情况：第一种情况是接到一个"命题作文"，要讲什么课题，学员对象是谁，组织已经明确了，那就按照组织的要求进行课程内容的准备即可；第二种情况是"自拟题作文"，也就是自己可以选择课题。那应该如何准备呢？具体情况具体分析，你可以根据这两种不同情况分别准备。

1. "命题作文"的课程准备

既然组织已经明确了课题及学员对象，那么培训师要做的准备是把握课程具体内容、深浅度及选用素材。这些都需要做充分的调研。

（1）**调研对象**：学员、学员上司、培训管理者，谁是调研对象？答案是全是。建议找一两位学员的直接上司、一位负责与你对接的培训管理者及三四位学员，可以面对面沟通或是电话沟通。

（2）**调研问题**：面对不同的调研对象提出不同的问题，可以根据实际需求做调整。

面对培训管理者，你可以这样说：

- 基于什么原因要开展这次培训？
- 目前学员在 ×× 方面存在什么问题？
- 希望达到什么样的效果？
- 有哪些需要特别注意的地方？

面对学员直接上司，你可以这样说：

- 您好，我接下来将进行 ×× 课题的授课，想了解一下目前学员的情况和您的期待。
- 就您观察，学员平时在 ××× 方面做得如何？目前主要存在的问题有哪些？能举个例子说明一下吗？
- 您觉得现有同事中，谁在这方面做得比较好？具体体现在哪里？
- 在这次培训中，您最希望重点强调哪些方面？
- 您希望学员学习了这门课程后，与之前的行为相比，在哪些方面会有提升？

面对学员，你可以这样说：

- 我接下来将进行 ×× 课题的培训，对内容还有些问题，想和你聊一下，听一下你的想法。
- 原来有参加过 ×× 课题的培训吗？当初主要学了哪些内容？哪些对你是有帮助的？
- 在 ×× 这项工作上，目前碰到的主要问题有哪些？能举个例子吗？
- 如果我讲这个课题，你主要想听到哪些方面的内容？
- 用什么样的形式，你会比较喜欢？

- 大约多长时间，你可以接受？

除了上面访谈的形式，你也可以通过书面调研了解学员需求。以下是一个范例，当我们在进行课程设计开发课程前，会对学员做一个在线调研，好处是简单、方便，可以了解到所有人的想法。

课程设计需求在线调研表

你好，欢迎参加即将开始的"好课程是设计出来的"课程，为了更有针对性地提供培训，特开展此次在线调研活动，希望你用 5 分钟时间填写问卷，期待得到你的最真实反馈，谢谢！

部门：_____　　姓名：_____　　职务：_____

一、基本情况

1. 你目前做培训的状况是：

　　□ 专职做培训工作　　□ 为公司兼职培训师　　□ 都不是

2. 你以往主导或参与开发过的课程数量：

　　□ 无　　□ 1~3 门　　□ 4~8 门　　□ 8 门以上

3. 你目前主要负责开发的课程：

　　□ 产品类课程　　　　□ 专业类课程

　　□ 管理类课程（如团队管理、领导力课程）

　　□ 通用管理类课程（如时间管理、沟通技巧等）

4. 对于目前课程开发的自我评估是：

　　□ 一般　　□ 较满意　　□ 满意　　□ 非常满意

二、培训需求

1. 你以往参加过几次相关的 TTT 或课程开发的培训？

　　□ 没有参加过

　　□ 参加过一两次

　　□ 参加过多次相关培训

2. 目前你在课程开发中，有意识地运用的方法或理论有哪些？可列举几个你常用的。

☐ 没有系统学习过，不清楚

☐ _____

3. 在过往课程设计中，你遇到的主要挑战或困难是什么？（最多选 2 项）

☐ 课程设计无新意

☐ 课程逻辑性有待提升

☐ 对课程的内容，自己不够擅长，对内容的深入无底气

☐ 不知如何在课程中融入自己的经验

☐ 教学方法比较单一，不能灵活运用多种授课方法

☐ 不能确保授课内容学员是否掌握，培训的效果很难评估

☐ 其他，请描述 _____

4. 希望自己在课程开发的哪些方面得到提升？（请选择最关注的 3 个方面）

☐ 如何做前期需求调研

☐ 成人学习的特点

☐ 如何设定课程目标

☐ 课程的逻辑框架与结构

☐ 工作中经验的提取与总结

☐ 生动化讲授方法

☐ 多样化教学方法设计

☐ 不同内容的讲授结构与流程

☐ 教学目标的评估与评价

☐ 其他，请描述 _____

三、课程任务

本次课程采用实战的方式，需要每位学员拿一门自己待开发或是已

开发待优化的课程到课堂上，请你简单介绍一下这门课程的情况。

1. 课题名称：_____

2. 课程时长：_____小时

3. 培训对象：_____

4. 目前该课程的状态

　　□ 准备开始开发

　　□ 正在开发过程中

　　□ 原来已有课程，希望进行优化

5. 目前最想在本课程中解决或优化的问题是：

_____

感谢你参与本次培训调查，我们将结合你的反馈及建议，认真规划和设计我们的培训课程，力求为你提供有价值、有针对性的培训活动。谢谢！

铭师坊

培训师在设计调研问卷的时候，应尽量以选择题为主，方便学员填写，避免出现过多填空题。当我们回收问卷后，就要根据问卷内容进行分析了。应该如何分析呢？我们拿一个过往回收的调研数据（见表 8-1和图 8-1）来举例。

表 8-1　调研数据

课程内容	选择人数	占比
深入理解培训师的价值和应该扮演的角色	3	12%
课堂成功的关键要素	6	24%
课程目标与框架设计	14	56%
以符合成人学习特点的方式设计讲解过程	5	20%
加强讲解的条理性	10	40%

（续）

课程内容	选择人数	占比
如何借助 PPT 讲解	2	8%
如何把专业技术内容讲生动	16	64%
常用的课堂互动方式	7	28%
如何控场（处理各种问题）	12	48%

注：调研对象共 25 人，每人选择 3 项。

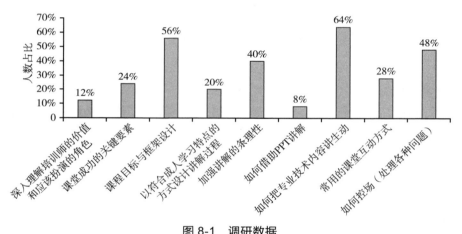

图 8-1　调研数据

大家可以看到，基于感兴趣的课程内容，学员兴趣由大到小的排序分别为：如何把专业技术内容讲生动、课程目标与框架设计、如何控场（处理各种问题）、加强讲解的条理性、常用的课堂互动方式、课堂成功的关键要素、以符合成人学习特点的方式设计讲解过程、深入理解培训师的价值和应该扮演的角色、如何借助 PPT 讲解。所以我们在备课的时候，重点可以放在如何把专业技术内容讲生动、课程目标与框架设计及如何控场（处理各种问题）这三点上，因为这是大多数学员的诉求。我们要讲清楚是怎么做的，有哪些好用易记的工具方法可以提供给学员，要配套什么样的案例能更紧密贴合学员的工作，从而帮助学员更好地理解，而在深入理解培训师的价值和应该扮演的角色及如何借助 PPT 讲解方面稍微讲下就可以了。

2. "自拟题作文"的课程准备

这类课程需要做更详细的调研，不仅需要分层级，还需要掌握更多的信息内容，在本书第 15 章有专门讲述。

物料道具准备

请大家回忆一下，在你之前参加过的培训中，培训师用到了哪些物料道具？在这当中，哪些是需要培训师自行准备的？

我印象深刻的一次培训，有个环节是从五颜六色的气球里面找纸条，每张纸条上面都有一个问题，这个问题和培训内容息息相关。当时对我的触动还是挺大的。

物料道具的准备分为标配版、进阶版及高配版。对于培训师来说，标配的物料道具也是培训必备的三件宝：手提电脑、翻页笔及转接头。培训师要提前看培训教室的投影仪情况，准备相匹配的转接头。

除了三件宝，为了辅助教学、调动现场气氛、吸引学员兴趣，我们要有进阶版的法宝，比如你可以准备一些彩笔，让板书更具可视性，也可以准备道具美元、道具筹码、色子等，用于激发学员参与教学活动的积极性，还可以准备沙锤或计时器，用来提醒学员守时或遵守课堂公约。而高配的物料道具则建议是一个培训道具箱。在这个道具箱中，除了上述物品道具，还要有引导方面的道具如引导卡、蜂巢形状便利贴、PVC警示胶带等，从而帮助培训师更好地构建场域，进行创新互动，更好地引导学员探索未知，把授课推向更高层次、更深程度。

大家可以先自行判断一下培训时需要哪些物料道具，是标配版的、进阶版的，还是高配版的。进阶版及高配版的物料道具可以不仅限于以下内容（见图 8-2），仅供大家参考。

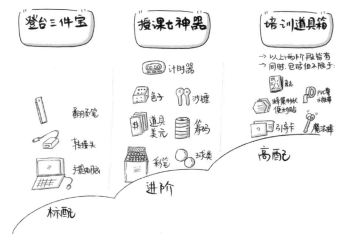

图 8-2 培训师物品配置

场地布置

当你即将授课时也要思考：培训课桌怎么摆？不同的摆放形式，会对培训产生很大的影响。一般会有 5 种摆放形式：课堂式、长桌式、岛屿式、扇形式及 U 形式。

（1）**课堂式**（也叫**传统式**）的摆放形式，如图 8-3 所示。

好处如下：

- 适合大型的培训活动或讲座。
- 适合不需要太多互动的教学课堂。
- 适合学员多的培训，比如学员至少 50 人。

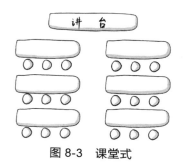

图 8-3 课堂式

弊端如下：

- 学员与培训师容易产生距离感。
- 培训师不易活跃课堂气氛，不方便观察学员状态。
- 学员容易走神。

（2）**长桌式**的摆放形式，如图 8-4 所示。

好处如下：

- 学员容易产生联结，并快速融入课堂氛围。
- 有利于培训师调动培训现场气氛。

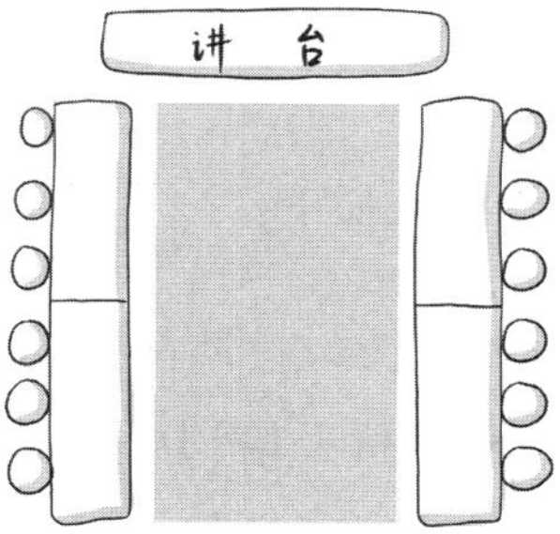

弊端如下：

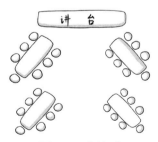

图 8-4　长桌式

- 不利于团队型的教学活动或游戏。
- 左右两边学员听课会受到坐姿影响。
- 学员人数不宜过多，建议不超 20 人。

（3）**岛屿式**（也叫**八字式**），是目前最常用的桌椅摆放形式。其摆放形式，如图 8-5 所示。

好处如下：

- 适合培训师开展团队项目、教学活动及游戏，与学员产生互动。

图 8-5　岛屿式

- 有利于开展以小组为单位的课堂教学活动，如小组研讨。
- 当学员人数不超 30 人时，效果最佳。

弊端如下：

- 部分学员的坐姿会受影响，如背对 / 侧对培训师而坐。
- 对场地大小有要求，场地不宜过小、过于局促。
- 不适合人数太多的培训，如 80 人以上。

（4）**扇形式**的摆放形式，如图 8-6
所示。

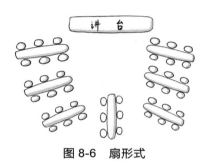

图 8-6　扇形式

好处如下：

- 方便设计团队型培训活动。
- 有利于培训师在培训现场与学
  员进行良好互动，激发学员多
  多参与。

弊端如下：

- 对培训师的能力要求较高，需具备足够的实战经验、互动及引
  导技巧。
- 人数不宜过多，30 人左右为宜。

（5）U 形式的摆放形式，如图 8-7
所示。

图 8-7　U 形式

好处如下：

- 适合学员互动及参与活动，增
  加学员的培训体验感。
- 培训师可站在 U 形内部发出指
  令，减少教室后排学员听不清楚的问题。

- 有利于培训师与学员互动。

弊端如下：

- 不适合过多的学员参与，建议学员人数不超 20 人。
- 培训师可能存在背对 / 侧对学员的情况。

综上所述，桌椅的摆放与培训主题、培训场地、学员人数都有很大关系，就目前来说，培训最常用的是岛屿式或扇形式。如果你的主题比较感性，想加强学员间的互动，让学员深度感受，那么甚至可以让学员围成一个圈或是让大家席地而坐，增加课堂的氛围感。

✿ 本章小结

本章主要分享了培训师授课前需要做的三项准备：课程内容准备、物料道具准备及场地布置。请你结合本章内容，思考以下问题：

1. 当你接到"命题作文"时，你需要向谁进行调研？

2. 标配、进阶及高配版物料道具分别包含哪些？

3. 请你想一想，除了本章提及的道具，还有哪些道具可以灵活运用，以增加课堂吸引力？

4. 桌椅摆放形式与课程有很大关系，你觉得自己目前课程最适合哪种桌椅摆放形式？想尝试哪种摆放形式？

CHAPTER 9

第 9 章

让我们看起来不紧张

💡 思考一下

以下几张表情图，请大家猜猜看分别代表哪种情绪。

很多培训师在初次登台的时候会不由自主地紧张。培训师为什么会紧张？紧张了应该怎么办？在本章，你会重新认识紧张，可以试着和紧张友好相处。

对于培训师来说，要想在课堂上发挥出色，需要从容、沉着、冷静，这样你才能眼观六路、耳听八方，自如应对各种突发事件。当然，这些也是需要不断历练才能到达的境界，对于新手培训师来说，最起码的要求就是看起来不紧张。

"紧张"是件自然的事

日本学者曾经做过关于紧张的问卷调查，该调查是面向全日本 1579 名 20 岁以上的人开展的。大家也可以判断一下自己属于哪种类型，在哪种场合最容易紧张。具体的调查数据如表 9-1 所示。

表 9-1　关于紧张的调查数据

序号	选项	占比
	你是容易紧张的类型吗	
1	特别容易紧张	41.2%
2	相对来说容易紧张	41.6%
3	不太容易紧张	15.4%
4	几乎没有紧张过	1.8%
	在什么场合容易紧张	
1	在公众场合讲话、演讲时	82.2%
2	遇见初次见面的人时	36.5%
3	进入新的职场或开始新的工作（人事调动等）时	35.6%
4	发表企划或者报告时	27.8%
5	举行发表会或者演奏时	26.7%
6	考取资格证书、入职考试和面试时	20.0%
7	迫不得已做不擅长的事（工作、独居等）时	17.7%
8	通电话时	16.4%
9	与上级（公司上级、年长者等）交谈时	13.3%

资料来源：《享受紧张：脑科学让紧张感化敌为友》。

由此可见：

- 特别容易紧张和相对来说容易紧张的人占了 82.8%，属于调查人群的绝大多数。
- 82.2% 的人认为在公众场合讲话、演讲容易紧张，该数据说明绝大多数人对在公众场合讲话、演讲是发怵的。

因此，紧张是绝大部分人一种正常情绪，只有极少数人完全不会紧张，你无须为此惴惴不安。

把紧张转化为前进的动力

很多人一谈"紧张"就色变，对于他们来说，紧张是因为不安，是害怕失败，是对未来的不确定性感到恐惧。

我们以运动员来举例，其实运动员也经常容易紧张，因为他们要参加无数的比赛，总是希望能拿到好成绩。即便是经验丰富的运动员，面对重大比赛，有时也很难完全掌控自己的情绪，或多或少会感到紧张。可以说，在最高级别的比赛中，高手过招，比的就是心理。所以懂得如何控制自己的情绪，才能充分发挥出技战术水平，赢得比赛。

在体育心理学中，有一个"紧张的倒 U 形理论"⊖，详细如图 9-1 所示。

由此可见，运动员参加竞技比赛时，要想赛出水平，适度的紧张是必需的，它能带来很多积极效应。适度的紧张就像魔法一样，能起到点石成金的作用。"紧张的倒 U 形理论"同样适用于即将开展培训的培训师。

⊖ 该理论来自《享受紧张：脑科学让紧张感化敌为友》。

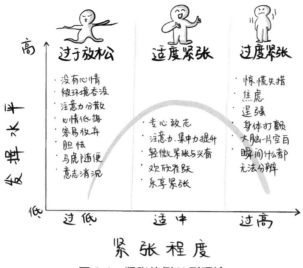

图 9-1　紧张的倒 U 形理论

情绪来源于想法

凡事要知其然更要知其所以然，在讲如何调节赛场紧张情绪之前，我们先了解一下为什么会产生紧张情绪。

你可以回忆一下因为什么产生了紧张。对于很多新手培训师来说，登台前可能会有一些想法，比如说"我还没准备好""现场会不会出状况""我对内容还不熟悉，讲不好怎么办""领导会看我的表现"等。这些想法及解读让我们产生了情绪，或紧张，或焦虑，或快乐，或沮丧、恐惧、内疚，这些想法最终体现在行为上。

调节紧张情绪

拿破仑曾经说："能控制好自己情绪的人，比能拿下一座城池的将军更伟大。"在重要的培训前，如何调整情绪，让自己处于适度紧张的状态，发挥出最佳水平？你可以尝试这五种方法：熟悉内容、实战演练、微笑法、自我激励法及深呼吸法。

（1）**熟悉内容**。熟悉内容是基础，在培训内容准备好之后，第一件事就是熟悉内容，包括开场怎么开，每个知识点的核心有哪些，怎么做过渡，如何结尾。

开场：俗话说得好，开始是成功的一半，开场顺利了，信心就会大增，建议一定要把开场至少5分钟的文字稿写下来，刻意练习，形成肌肉记忆。

课件的每页关键点及过渡：关键点讲不清楚，过渡做得不好，学员就会有混乱的感觉。可以把课件每页关键点写下来，清楚每页幻灯片的重点要讲什么，逻辑是什么，怎么讲学员会更容易理解，页与页的过渡要怎么做。

结尾：培训圈有句行话为"凤头、猪肚、豹尾"，把结尾比喻成"豹尾"，说明结尾也很重要，一个好的结尾能把培训推向全场高潮。把结尾背得滚瓜烂熟，才会有个精彩的收尾。

（2）**实战演练**。熟悉内容之后，就要在讲台上试讲打磨。可以约几个同事一起，自己在台上试讲，请他们在台下听，并请他们给予反馈。在这过程中，建议录音或录像，以便你更好地调整自己的状态、形象、讲法及课件内容等。

有三四次或以上的试讲，基本就可以游刃有余地讲课了。

（3）**微笑法**。微笑法也叫表情调节法，可以通过有意识地改变自己的面部表情调节情绪，因为情绪状态与面部表情之间存在密切联系，当你感到紧张时，可以有意识地微笑，微笑，再微笑。当你微笑了，你会惊喜地发现，面部肌肉慢慢就放松了，紧张的情绪也跟着舒缓了。除此之外，还可以在上课前播放一些轻音乐，既活跃现场气氛，同时也放松自己的心情。

（4）**自我激励法**。在你登台前几分钟，可以有意识地在脑海里重现自己过去获得成功时的最佳表现，感受当时的身体和情绪状态，以此来增强信心，力求更稳定的发挥。对过去成功经验进行重现是一种积极的意识状态，通过回忆那些激动人心的情景能够活跃你的神经系统，增强有氧呼吸，促进血液循环，使你全身充满力量，让你的声音更具激情，呈现更加有层次感。

（5）**深呼吸法**。深呼吸法示意如图 9-2 所示。

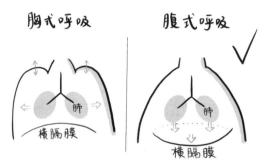

图 9-2 深呼吸法示意

当你神经紧绷甚至越来越紧张的时候，还可以用腹式呼吸来缓解及放松。定期地训练腹式呼吸，可以缓解紧张焦虑的症状，最重要的是能让自己迅速找到放松的感觉。但有个关键问题就是深到哪里才叫深呼吸，普通人呼吸一般只到胸部，这个深度对于处于紧张状态的人来说是远远不够的，你必须让横膈膜下沉。当你紧张恐惧的时候，呼吸会变得很浅、很快甚至是过度换气，这个时候呼出了过多的二氧化碳，导致你心跳加快、头晕眼花、手脚发麻等，而此时神经系统进入兴奋状态，让人变得更加敏感、更加紧张了。这时你可以给自己 3~5 分钟时间进行腹式呼吸来进行调整。练习腹式呼吸还有个好处是不受场地、姿势的限制，走路、坐车、开会及工作时都可以训练。

腹式呼吸三步法如下：

- 用鼻子吸气 5 秒。
- 屏住呼吸 5 秒。
- 用口呼气 10 秒。

腹式呼吸注意事项如下：

- 吸气时，要找到腹部、腰和后背都膨胀起来的感觉，这样横膈膜才能往下压。
- 呼气时，将横膈膜往上提，均匀、绵长地吐气，把所有的气息都吐干净。
- 节奏一定要慢一点、柔和一点，避免急促地呼气吸气。

✿ 本章小结

本章主要分享了"紧张的倒 U 形理论"、情绪是怎么来的，以及调节紧张情绪的 5 种方法。请你结合个人情况，思考以下问题：

1. 自己是容易紧张的人吗？如果是的话，可以选择哪些方式来缓解？

_____

2. 当我们适度紧张时，身体会产生哪些积极的效应？

_____

3. 培训师在登台前熟悉内容是最基本的准备工作，熟悉内容具体应该如何做？

_____

4. 腹式深呼吸的关键在哪里？

_____

CHAPTER 10

第 10 章

职业形象塑造

💡 思考一下

　　台风是培训师在讲台上的表现，包括形象、举止、声音等内容。树立自己独特的台风，需要清楚自己想要什么样的形象，平时刻意训练，也就是培养自己想要的气质，爽朗风趣、儒雅、彬彬有礼等都可以。以下与培训师台风相关的描述哪些与你的想法相近？请在选项上打钩：

　　□ 培训师应该首选西装（套装），而且颜色越深越好

　　□ 男士穿着西装时，衬衫的袖子要比外套的袖子长一个食指的宽度

　　□ 女培训师应该选择干练的发型出现在课堂上

　　□ 公司有制服，穿制服去上课最为保险

　　□ 培训师应该有自己的形象和台风，要固定自己的风格，让学员记得住

　　□ 拿起话筒说话前要轻轻地清清嗓子

　　□ 在教室走动应该从中心点开始，前走两三步，想换方向时一般先退两步，再向左或向右移动

　　□ 手里同时拿着麦克风和翻页笔，在做手势时会受限制

无论你勾选了哪些选项，都是出于自己的原始认知和经验，没有对错。爱默生说"自信是成功的第一秘诀"。培训师的自信有一部分来源于与学员的情感交流，包括眼神、动作、语言。培训师要注重自己的言谈举止，当然，这些也可以刻意习得。

在过往的培训课程当中，你是否有过以下感受：有的培训师第一眼就会让你觉得他很专业，讲授的课程一定干货满满，这样的培训师好像有一种魔力，自然地吸引着你，让你主动排除干扰，持续专注于课堂，积极互动；当然，也有一些培训师一亮相，或者一开口说话，你的内心就产生了隐约的质疑或者疏远感。这就是"首因效应"，交往双方形成的第一次印象即"先入为主"带来的效果。虽然第一印象并非总是正确的，但却是最鲜明、最牢固的，并且决定着以后双方交往的进程。

整装待发显风采

这里说的"装"就是要让我们看上去职业。正所谓"职业装，装职业"，要有意识地调整。那培训师都要穿着西装（套装）吗？当我在搜索引擎图片栏输入"培训师形象"后，几乎满屏都是穿着蓝黑色、白色、灰色西装（套装）的培训师。看来，培训师也是如此框定自己的。这些颜色确实庄重又得体，但少了个性和辨识度。如果能学会辨色，你就能在多姿多彩的服饰中精准地找到最能"帮衬"你的颜色，让自己更"出色"。

形象设计的基本功：色彩搭配

想在人群中叫出不认识的人时，最常说的就是类似"穿蓝色上衣的那位先生"这样的话，你想过其中的原因吗？我们在看一个人时，一

般是"远看色，近看形"，第一眼吸引人的一定是色彩，对于衣着更是
如此！

　　这里有一个脑筋急转弯的问题："西瓜在切开之前里面是什么颜色？"
　　你的答案是：（　　　）
　　正确答案是：没有颜色，因为西瓜没切开，里面照不到光。

　　色彩离不开光，有光才有色，光色并存。光的传播速度有多快，色
到达眼睛就有多快。色彩第一时间进入人们的视觉，让人产生第一印象，
这叫作第一视觉艺术，所以在个人形象中，首先吸引人眼球的就是色彩，
人们是先意识到色彩，再分析出尺寸、款式、面料等其他细节。色彩是
形象塑造的先锋元素无须质疑，如果你对色彩充分了解并可以正确运用，
那在穿着打扮方面已经可以打 80 分了！
　　给大家带来的色彩搭配技巧是"一个中心，两个控制点"。
　　一个中心，即"以对比度为中心"。
　　要学习对比度就先要学习"人体色"。每位女性都能切身体会到：不
涂口红就没有气色，不画眉毛就没有精神，不抹粉底就皮肤暗淡，不画
眼影就没有神采。
　　这是为什么呢？其实，这跟"人体色"有关。
　　人体色简单来说就是人的肤色、发色、唇色乃至瞳孔色等人体上所
有色彩的综合。
　　对比度并不是针对一个颜色，而是形容多个颜色之间的对比差异。
色彩间的差异越大，对比度越高；反之，对比度越低。对比度对视觉效
果的影响非常关键。一般来说，对比度越大，图像越清晰醒目，色彩也
越鲜明艳丽；对比度小，则会让整个画面都灰蒙蒙的。图像如此，人亦
如此。你的人体色对比度越大，那么人的形象就越清晰、精神、显眼；
反之则越模糊、憔悴、隐蔽。

因为人体色中大部分色彩都集中在头部，所以人体色在头部的对比度差异最为明显，给人的直观感受也是最强烈的。面部对比度大，人就精神、显眼了。所以建议女性培训师都淡妆上台，通过化妆，拉大"人体色"对比度，带给学员清晰、精神、职业的第一印象。

两个控制点是指色彩的"深浅搭配"和"艳浊搭配"。

在彩色中添加了很多白色的为浅色，混合了黑色的就是深色。

色泽艳丽的彩色，颜色饱和度高，这就是艳色，高调抢眼；在艳色中混入黑、白、灰后，颜色饱和度就会降低，即为浊色，低调含蓄。

学习了"一个中心，两个控制点"的原则，那如何进行色彩搭配呢？

要点一：肤色的深浅决定服装的深浅。浅肤色的人穿浅色，深肤色的人穿深色。

要点二：人体色对比度决定服装的艳浊。对比度大的人穿艳色，反之穿浊色。

学到这里，你应该明白了"一白遮百丑"的原因。

因为在我们的面部人体色当中头发和皮肤的色彩面积占比最大。中国人是黑头发，至少是深色的头发，而与黑色色差最大的是白色，因此才有"一白遮百丑"之说。

举一反三，最适合中国人黄皮肤的发色是黑（深）色的头发。那些想染黄（浅）色头发的小伙伴们，在染发之前先照下镜子，评估自己的皮肤是否够白，否则黄皮肤加上黄头发，会显得没有精神，而拉大面部对比度，才能显得健康、精神。

发型设计

对于培训师的发型，我们总结了一句口诀：蓬松有层次，协调且便利。

1. 蓬松有层次

保持头发清洁是基本的礼节，清洁的头发才会蓬松。培训师在讲台上"万众瞩目"，且需要与学员近距离接触，如果不注意头发的整洁，会给学员留下邋邋遢遢、萎靡不振的印象，影响与学员的交往距离。除了"发量少"的问题需要专业人士帮忙解决外，其他问题稍加注意就能防范和杜绝。

头发的清洁是基础，修饰得当才能提升美感和品质。修饰的第一个技巧是：层次感。

对于男性培训师，适合培训环境的常见发型主要有严肃派、现代派和阳刚派三大类（见图 10-1）。三类发型的头发长度要求都符合"前不遮眉、侧不过耳、后不及领"的原则，且整体发势向上，露出额头，层次分明。

严肃派发型（见图 10-1a），侧分，直发短发，前额部分头发上梳，用发胶固定。此发型体现的特点为：完美、认真、不忽略任何细节、爱干净；注重自己的外表，特别是头发，做事尽心职守。

现代派发型（见图 10-1b），头发往后梳，厚度适中，前额脸部敞露，发路在侧，头发上部小旋转，用发胶固定。此发型既体现动态和现代意识，又体现收敛适度的时尚。

阳刚派发型（见图 10-1c），简称平头，两侧、后部和顶部头发都较短，顶部也可略长剪成平形，体现出简洁、利落、干净、大方、帅气，适合阳刚型男气质类型。体型偏瘦、头型不好和脸形偏长的人不适合小平头。

a）严肃派　　　　　　　b）现代派　　　　　　c）阳刚派

图 10-1　男性培训师的常见发型

2. 协调且便利

对于女性培训师，我们建议根据自己的脸型来设计发型。女性的常见脸型如图 10-2 所示。

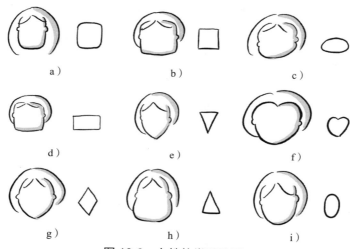

图 10-2   女性的常见脸型

设计发型的原则以图 10-2i 椭圆形脸型为基准，遮补有度。例如，图 10-2g 为菱形脸，是典型的亚洲女性脸型，这种脸型会让人感到距离感，亲和力不够。这种脸型与椭圆形脸型相比，额头和下巴都窄了，建议用头发进行"补充"。额头两边的头发做蓬松，切不可贴头皮，下巴位置的头发可以卷一点，制造外扩的蓬松感（见图 10-3）。

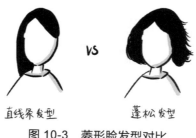

图 10-3   菱形脸发型对比

发型可以修饰脸型，改善脸型上的一些缺陷，从而提升整体形象。作为培训师，美观固然重要，但还要兼顾"便利"。建议女性培训师尽量不披长发上课，如若是短发或中长发，在培训前可用定型产品将头发固定好，培训时尽量不去整理头发，更不可撩头发。发型要轻便利索。

服饰搭配

培训师在选择服饰时一般有三种心理：第一种舒服至上，第二种美最重要，第三种依境而变。你是以上哪一种？如果是第三种，那一定是高段位的同行了。"依境而变"的意思是指根据出席场合、学员身份、课程内容、教学形式而搭配服饰，做到"人、课、境合一"。试想：一位全身名牌的培训师给基层员工讲课，会带来什么样的第一印象呢？如果上沙盘演练、引导技术课，培训师穿着西装或者高跟鞋，是否方便进行互动和示范呢？学员只需扫视一遍培训师的行头，心里就对课程的期望值有了初始分数，且不说希望学员满心期待，至少要符合预想、基本满意。着装不得体就意味着缺乏基本的行业尊重和专业性。对于培训师，如何能花小钱办大事，穿出高级感呢？

技巧 1：轮廓定直曲

假如让你画一个苹果你会如何画呢？学过素描的朋友应该是先用线条勾勒形状，没学过画画的估计是直接画个椭圆。无论你怎么画，是不是都在画轮廓呢？服装搭配也是如此，先要评估自己的轮廓线条。一般来说人的轮廓分为直线型和曲线型两种。如何理解直和曲？大家可以做一个小测试。

图 10-4 所示的 6 件物品中，哪些是直线型轮廓，哪些是曲线型轮廓？

正确答案是：直线型轮廓的是图 10-4b、图 10-4c、图 10-4f；曲线型轮廓的是图 10-4a、图 10-4d、图 10-4e。

直线型物品轮廓的特征：线条硬朗，棱角分明。

曲线型物品轮廓的特征：线条柔和，圆顺柔软，没有明显转折感。

我们再来看人的轮廓。

图 10-5 所示的三位女士面部轮廓中，谁是直线型轮廓呢？

正确答案是：图 10-5a 为直线型轮廓；图 10-5b 为中间型轮廓；图 10-5c 为曲线型轮廓。

鉴定面部线条的曲直时，主要看轮廓线条，其次看五官线条：曲线型，可以理解为肉感强、线条柔和的类型；直

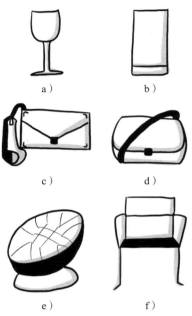

a）　　　　　　　　b）

c）　　　　　　　　d）

e）　　　　　　　　f）

图 10-4　物品轮廓曲直区分

线型，可以理解为骨感强、棱角分明的类型；中间型，则看不出明显的肉感或骨架，比较居中，或者骨感和肉感兼备，曲直兼有。

区分面部线条的类型，可以让我们更精准地选到适合自己的服饰款式。线条和谐的穿搭法则就是：直线型人穿直线型服装，中间型人穿中间型服装，曲线型人穿曲线型服装。

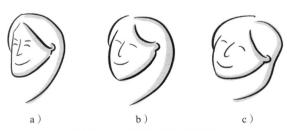

a）　　　　　　　　b）　　　　　　　　c）

图 10-5　面部轮廓曲直区分

如图 10-6 所示，两套女士服装：图 10-6a 是弹性面料，不论是领型还是肩线，都是偏曲线的；图 10-6b 则是直线型设计，面料挺括，线条偏硬，领子是长直线条。直线型的造型会给人以中性、犀利、职业感强的印象；曲线型的造型则带给他人柔和、温和、亲和力强的感觉。

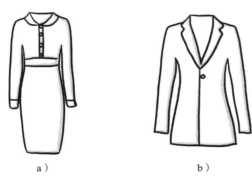

a)　　　　　　　　　　b)

图 10-6　女士服装轮廓曲直区分

男士服装也分曲直。图 10-7 中的哪件衣服是曲线型轮廓呢？

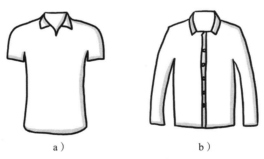

a)　　　　　　　　　　b)

图 10-7　男士服装轮廓曲直区分

正确答案是：图 10-7a 是软面料，肩膀位置为圆曲线接合，属于曲线型轮廓；图 10-7b 面料硬，线条直，衣襟和肩膀都是直线条接合，属于直线型轮廓。

培训师可根据自己的脸型和体型的直曲来选配服饰。如果你有着曲线型的面部轮廓和偏直线的身体轮廓，须以面部轮廓为先选择服饰。

技巧 2：细节见品质

我们总结了以下 5 条有关服装搭配的小技巧。

- 净色正式，花色休闲：尽量选纯色的服装，干净利落。现代商务正装的主要颜色是深蓝、灰黑、深灰或暗棕色。

- 浊色为主，艳色点缀：浊色不挑肤色，且给人以低调谦和的印象。培训师可以选择浊色为主色，女士可搭配艳色的内搭或丝巾。总之，缩小艳色在身体上出现的面积，只做局部点缀。

- 层次叠穿，拉长线条：可以用外深内浅的搭配方式，穿出层次感；也可以用背心或衬衫与外套叠穿的方式，露出脖子，拉长线条，显高显瘦（见图 10-8）。

- 鞋袜配套，男女有别：男士只要穿皮鞋就要穿棉袜，袜子的长度要保证坐下来不露腿即可，鞋袜颜色一致。女培训师一般穿单鞋上课，穿单鞋不可穿棉袜，建议穿肉色连裤袜。

- 饰不过三，色质统一：全身佩戴的饰品不超三件，建议同样的质地、同样的颜色，成套的饰品显高级和正式。禁止佩戴会晃动或发出声响的饰品，否则会分散学员注意力，影响教学效果。

a)   b)

图 10-8   叠穿示范

除了以上原则，我们还给大家整理了以下着装细节。

- 细节 1：西裤双折边比单折边感觉更稳重。

- 细节 2：衬衣袖长要超过西装袖长一个食指的宽度。

- 细节 3：避免西装上衣过大，要得体。关键点是肩宽，成衣远比不上定制的合体。
- 细节 4：女培训师要避免皮鞋款式过于粗犷，特别是厚底鞋。不厚不薄、皮质的鞋底，才见时尚与品位。
- 细节 5：男培训师要避免选择和亮色领带，沉稳保守或低调奢华的领带才是智者的首选。
- 细节 6：避免花色腰带，细扣式金属银色腰带扣的暗色腰带为好。
- 细节 7：西装上衣最下面的扣子不扣，三件套的马甲背心的最下面的扣子也是不扣的。
- 细节 8：腰带和皮鞋应是同色的。为了简便，腰带可选黑和深棕两个色系与皮鞋颜色相配。
- 细节 9：如果穿西装，就不要背双肩背包。

❀ 本章小结

本章主要分享了培训师职业形象的内容，你可以结合个人情况，做出以下思考：

1. 培训师外在的职业形象与其内在素养有哪些关联？

_____

2. 化妆的目的是什么？化妆的重点是什么？

_____

3. 你期待自己在职业形象方面发生哪些改变？

_____

4. 你会做哪些事让自己在职业形象方面发生改变？

_____

✿ 课后练习

1. 面部人体色中影响对比度的是唇色、发色、肤色以及瞳孔色。

（　　　）

2. 领带系好后，标准的长度应该是（　　　）。

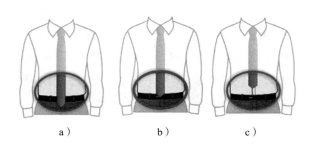

a）　　　　　　　b）　　　　　　　c）

3. 人体的轮廓按线条类型可分为（　　　）型和（　　　）型。

4. 培训师的头发长度要求是前不遮（　　　），侧不过（　　　），后不及（　　　）。

5. 在佩戴饰品时，一般不超过（　　　）件,（　　　）的搭配显正式。

CHAPTER 11
第 11 章

一言一行皆师范

💡 思考一下

每个培训师都有自己独特的台风，或爽朗风趣，或儒雅有礼……这就需要与个人职业气质相契合、与个人年龄相契合、与所在环境相契合、与工作特点相契合、与行业要求相契合。个人的举止更要在标准的基础上，在不同的场合采用不同的表现方式，要做到在展现自我的同时尊重他人。

以下的描述哪些与你的想法相近？请在选项上打钩：

☐ 上半天课后嗓子就嘶哑了；明明喝了很多水，喉咙还是会疼

☐ 普通话不标准一定程度上影响了培训师的自信

☐ 一上课语速就比较快，总是比预计讲完的时间要提前

站在讲台上，其实就相当于有一面"放大镜"在照着自己。站在讲台上，台下几十双甚至上百双眼睛看着你，哪怕是一个小小的不合时宜的动作都会被看到，并且被"放大"传播。得体的体态和表情是可以刻意习得的。刻意练习产生的效果，就是从职业刻意到职业随意的蜕变。这里说的随意，不是随便的意思，是这种职业意识、风范已经和你融为一体，看起来很自然、不做作。

举手投足显威仪

刚入行的培训师基本都会有以下经历：把矿泉水瓶当麦克风，练习手势，或是对着镜子练习表情和手势；更有培训师录制自己的试讲片段，对照视频查找问题，不断整改提升。一名优秀的培训师必定会经历这个过程，进而形成较为稳定的个人风格。"讲台举止"是指培训师在课堂上的姿态和风度。美国传播学家艾伯特·梅拉比安（Albert Mehrabian）通过 10 年的研究，分析口头和非口头信息的相对重要性，得出的结论是：有效沟通只有 7% 来自说话的内容，有 38% 来自说话的语音、语调，而 55% 来自说话者的外形与肢体语言。在第 10 章我们学习了外在形象塑造的技巧，那么接下来，我们对肢体语言和声音的训练做一些分享。

手势练习

技巧 1：手势的活动区域

（1）上位手势：手超过肩部的动作。

这一手势表示理想、希望、喜悦、激动、祝贺等。上位手势，动作幅度较大，表示积极向上的、慷慨激昂的内容和感情。比如：双手握拳，举过头顶，表示呐喊、愤怒、战斗等强烈的情绪。

（2）中位手势：手在肩部至腰部之间活动的动作。

这一手势表示叙述事物、说明事理、分享较为平静的情绪。中位手势动作幅度适中，一般不带有浓厚的感情色彩。

（3）下位手势：在腰部及以下活动的动作。

手在这一区域活动，表示憎恶、鄙视、反对、批判、失望、压抑等。基本动作是手心向下，手向前或向两侧往下压，动作幅度较小，一般传递出消极否定的信息。

技巧 2：手势的具体使用

手势由手掌、手指和拳组合而成。

（1）手掌的使用。授课时，手掌的使用频率比较高。手掌的使用有四种：

- 手心向上，多表示请求、赞美、鼓励、贡献。
- 手心向下，表示反对、否定、神秘。
- 双手由合而分，表示区分，也可表达失望、忧愁的消极情绪。
- 双手由分而合，表示组合，也可表达团结、会面、合作等含义。

（2）手指的使用。手指的使用多表示四种意思：

- 伸出大拇指，表赞扬、佩服。
- 指点事物或方向。
- 斥责、命令。
- 表示数字。

（3）拳的使用。拳表达的情感也比较激烈，可表示愤怒，也可表示鼓励。

技巧 3：手势使用的"三要三勿"

如果要问什么样的手势为"好"，在这有限的篇幅里不能详尽地举例说明，但我们可以给出手势的规则和禁忌的"三要三勿"。遵循规则，避免禁忌，其他的就可以自由发挥了。

（1）**手势要与语言内容相结合**。"那位穿蓝色衣服的长发美女。"你一边讲，一边掌心向上，所有的指尖指向对应的人。这就是手势配合语言和行动。

当你讲到"在我心里"时，你自然而然地右手按住心口，手势与语言相得益彰。

你想表达"我们很开心"，手势却是手掌向下。这就是心口不一了，该手势表达的是制止、压抑、打击。手势与语言相悖。

（2）**手势要简洁大方**。在运用手势时，手尽量离身体远一些，做出来的手势要"长、直、开"，不要像打麻将一般，手在自己胸前晃动。

（3）**手势要与性格相适合**。唱歌，有的人偏向高音辽阔，有的人偏向低沉磁性，那是由各自的嗓音与气息决定的。授课时手势也是一样的道理。你长得小巧玲珑，气质也淡雅精致，偏要豪放有余，动作粗犷洒脱，这就是没有把演讲风格与个人气质很好地结合起来。

（4）**勿机械，为手势而手势**。在授课时，切不可"机械"，为手势而手势。手势贵在适应内容和场景，一切矫揉造作都是画蛇添足。

（5）**勿夸张，过犹不及**。单从数量与幅度来说，有张扬夸张的手势表达，也有谨慎稳重的手势表达，一个偏向动态，一个偏向静态。不可走极端，手势异常复杂，让人眼花缭乱、目不暇接；也不可偶尔把手伸出来，像僵尸一样，给人惊悚之感。

（6）**勿喧宾夺主**。手势的核心是辅助内容的呈现，帮助感情的表达，手势可以锦上添花，但绝对是配角。喧宾夺主的表达会造成怎样的结果呢？举一个例子，你就会理解：培训师正娓娓道来，理性地分析项目管理流程和注意事项，突然来了个夸张的手势，手掌靠立，指向头顶，结果，学员分神到你的手势，瞬间忽略了讲解的内容。

表情训练

除了运用手势，培训师还需要通过表情来"传情达意"。面部表情不仅要自然，还要丰富、生动。表情应随着教学内容和自己情绪的发展而变化，既顺乎自然，又富于变化，一笑一颦、一蹙一展，都能够和教学内容合拍，把学员引入我们所希望达到的形象、感情、理性的各种境界中，或者把学员的情绪由低潮引向高潮，使学员产生强烈的共鸣。

表情的动人之处还在于自然，自然才显得真挚，做作的表情显得虚假。我们给大家总结了"三控三忌"。

一控眉毛。所谓"眉飞色舞"，就是指滔滔不绝、非常得意、兴奋的样子。眉毛都起飞了，能不夸张吗？所以只要动了眉毛，表情就会被放大，培训师要注意控制。

二控鼻子。鼻子一动，五官走样程度会让你吃惊。

三控目光。与单个学员交流时，不要盯着他的眼睛看，可以看对方额头区域，尽量不看唇部及以下的身体其他区域。交流时间较长时，可以以他为中心点，眼神所及范围扩散至周围区域，一来化解长时间四目相对的尴尬，二来还有兼顾其他学员之意。

一忌拘谨木讷。拘谨木讷，会影响教学的感染力和鼓动力。有的培训师死死盯着课件，或者上台后仍然苦思冥想，像小学生背书似的背诵讲稿，面部表情呆板僵硬、冷若冰霜。学员对此讥之为"铁面人""白雪公主"。

二忌神情慌张。有的培训师惊惶不安、手足无措、面红耳赤、战战兢兢，这样自然难以传达出教学内容和自己的内心情感，而且会影响学员的情绪。

三忌故作姿态。故作姿态的人虽有情感的表露，但不真实、不自然，并不会真正感染学员。矫揉造作的面部表情，还会使学员感到滑稽或虚假，降低对培训师的信任感，影响培训效果。

成功的最快途径，就是善于向高手学习。大家可以多看《我是演说家》《奇葩说》等节目，分析业内高手的台风特点，集众家之所长。从模仿到内化，最后到融会贯通、化为无形，形成自己的台风。

声情并茂显张力

撒切尔夫人天生一副细高的嗓音，她和她的竞选团队都认为这样尖厉、脆生生的高音，听着无力，让人不安，代表不了英国的形象，于是请专业人士教她如何发出理想的声音，如何管理好自己的声音。为了改变之前的发声习惯，她学习用中低声区说话，增强胸腔共鸣，把握节奏，保持口齿清晰。竞选之前加紧训练，"铁娘子"终于如愿以偿，以一个沉稳有力的声音形象出现在政治舞台上。

"声如其人"，声音跟人一样，也是有气质的。一言一语，由音高、音强、音长、音色在瞬间化合而成，就好像是人的五官之外有一种无形的风度，不局限于三庭五眼，它是一种不可模仿，却可以在精神和言谈得到提升后所表现出来的状态。

很多人认为声音是天生的，不可能改变，其实不然。经过科学的训练，说话的声音可以有很大的改善空间。

我们可以先做一个嗓音自测（见表 11-1）。

表 11-1　嗓音自测题目

序号	题目
1	在会议发言、公众演讲、跟朋友聊天时，你感到你的声音不被旁人注意吗
2	工作一天回家，从白天到夜间你的嗓音越来越沙哑吗
3	电话里的陌生人认为你比实际年龄老或者比实际年龄小吗
4	电话里的陌生人弄错过你的性别吗
5	你的声音听起来挤捏或者刺耳吗
6	微信聊天时，你宁愿打字也不愿意发语音吗？你不喜欢听自己的声音吗
7	拿起话筒说话前，你经常会清嗓子吗
8	你晨起刷牙时，会感到恶心想吐吗
9	你的嗓音听起来鼻音重吗
10	与人争论或大声说话时，你脖子上会青筋暴露吗

符合以上情况的数量对应的嗓音情况，如表 11-2 所示。

表 11-2 嗓音自测结果

肯定回答的数量	对应嗓音情况	肯定回答的数量	对应嗓音情况
0 或 1 个	正常	4~7 个	中度影响
2 或 3 个	轻度影响	8 个及以上	重度影响

符合的情况越多，说明嗓音受影响的程度越大，偏离自然嗓音越远。

我身边有位男培训师，喉音比较粗重，他可能以为这就是有磁性的共鸣声，殊不知，常常用"压喉"（压低喉咙）的方式来说话，对声带损伤最大。

若嗓音受到的是轻度和中度影响，还属于嗓音问题阶段，不是嗓音疾病，仍可以通过一系列科学发声方法来调整；若嗓音受到的是重度影响，属于嗓音疾病，恐怕需要及时到医院治疗，等治疗完成后，再结合日常练习帮助嗓音康复。

这些嗓音问题有的是因为长期养成的不好的发声习惯导致的，比如说话时气息弱，声束不集中；有的是因为没有用自然的嗓音说话，比如有些人喜欢提着嗓子说话，例如现在流行的"夹子音"，这会导致声音过尖、过细甚至刺耳，虽然自己已经习惯，并不觉得不舒服，但时间久了，到中年以后嗓子就常常会出现问题；有的是因为饮食起居等日常生活中不注意保护嗓子造成的。大家要能客观判断自己的发声习惯和嗓音问题，寻找有效的解决方法。其中有一套非常简单又有效的方法就是打开口腔练习。

技巧 1：口腔"瑜伽"练习

打开口腔的正确方式，是一种柔和、自然、有力的肌肉协调法。这套口腔的"瑜伽术"，只需要提、打、挺、松四步，即提颧肌、打开牙关、挺软腭、松下巴，但也需要你花时间刻意强化练习，才能取得较好的效果。

首先保持松胸沉气练习的坐姿。

步骤一：提颧肌。

面部肌肉向鼻尖处收紧，然后放松。在放松的时候，让面部肌肉彻底松弛下来，重复几次。微笑让嘴角上扬，体会唇齿相依的感觉，再放松面部肌肉，重复几次。

这一动作不仅有助于改善你的面部肌肉的自然状态，改善你的声音面貌，而且还会让你看上去更年轻。所以人们常说：提颧肌是最快的自然美容法。

步骤二：打开牙关。

牙关位于耳朵旁边的颌骨关节部位，是下颌骨与头盖骨相接的地方，当你张大嘴时将双手放置在两耳下就能摸到两个凹陷，那就是牙关。

发声前，先用双手轻轻按摩两侧的牙关，这也能在一定程度上放松牙齿和下巴。按摩后，双手自然下垂。人的颌骨因为不宜进行左右横向运动，所以我们可以对着镜子嚼一嚼口香糖，注意观察和体会自己嘴部运动的感觉，此时是颌骨在做圆周运动。同时搭配按摩牙关的动作，这对放松牙齿和下巴更为有效。

步骤三：挺软腭。

咧嘴笑，再缓缓张开，让面部肌肉逐渐放松。做这个练习的时候，你会感受到喉部打开，软腭挺起。重复练习几次，直到你有要打哈欠的感觉。这种打哈欠的感觉很对，说明你的喉部已打开，软腭也挺起来了，颧骨后面的这部分颌骨也会向上张开。

这是很好的放松方法。但是需要注意的是，打哈欠不可过度，口不可张得过大，半打哈欠才是打开口腔的正确方式。

步骤四：松下巴。

下巴紧张，轻则会导致咬字较死，说话不自然，重则会导致说话时颤抖、吐字不清甚至磕磕巴巴。下巴放松了，说话的声音则圆润饱满。

你可以通过"啃苹果"的方法来改善。对着镜子，手拿一个苹果，张开嘴啃苹果，注意看自己是怎么张嘴的。如果观察到镜子里自己是下巴主动往上啃，那么说明你张嘴习惯不好，相应地说话时，下巴是会紧张的。正确的张嘴方式为：上齿往下叩，下巴不主动用力，保持放松的状态。

如果不确定张嘴时下巴紧张的问题是否已经解决，可以观察你咬过的苹果上的齿痕，是下齿留下的痕迹重，还是上齿留下的痕迹重，若下齿痕迹重则是下巴主动用力的表现。这是一种很形象的训练与观察法。

如果你按以上四步刻意练习，在不久的某一天你对比自己的嗓音会发现有巨大的进步。贵在坚持！

技巧 2："虚实声"练习

培养内训师近 20 年，我们发现有些人声音偏硬，给人刚硬、冰冷之感，没有感染力与亲和力；有些人声音偏软，给人有气无力、矫揉造作之感，不能登大雅之堂。这些人嗓音条件并没有问题，只是不会"用声"：声音偏硬，是因为只用实声说话；声音偏软，属于用虚声太多。

有意思的是，为什么我们会得出实声刚硬、虚声柔弱的结论？为什么我们会对声音虚实产生一致的美感评判呢？这种感觉从哪里来？

首先了解一下，什么是实声、虚实声、虚声、气声。

声门闭合得较紧，发出的明亮的声音为实声，偏硬，饱满度最高。一般客观陈述时用得较多。

声门开度略大，声带振动发出的乐音成分少于气流的摩擦音，发出的是虚声，偏柔，饱满度稍低。一般在一对一辅导时用得较多。

声带不振动，完全是气流摩擦音，发出的声音是气声，偏暗，饱满度很低。一般耳语时用得较多。

声门轻松闭合或半闭合，带有部分气流摩擦声发出的是虚实声，柔和，饱满度较高。一般讲案例时用得较多。

简而言之，实声是偏硬的，虚声是偏柔的。实声越多，越正式和隆重；气声越多，感情越丰富。从实声到气声之间有众多层级，虚实相生，给人以不同层次的声音感受。培训时虚声、实声用对了，形象就会得体。

我们来做个练习，朗诵李白的诗《望庐山瀑布》，朗诵时注意虚实变化，可以在文字上标注一下你虚声、实声的使用情况。

望庐山瀑布

李　白

日照香炉生紫烟，

遥看瀑布挂前川。

飞流直下三千尺，

疑是银河落九天。

虚声、实声使用参考："生"字用实声，表现壮丽升腾；"紫烟"用虚声，才会有缥缈之态；"挂"字用实声，如匹练高悬于山间，声音高起下行；"飞流直下"四字用实声快速直下；"三千尺"也要实声，高音长叹；"银河"用虚声，营造虚空宏大之势；"九天"用实声，彰显气势磅礴。

总之，这首诗气势宏大磅礴，在朗诵用声时，轻薄缥缈的虚声只需准确点染一两处，坚实洪亮的实声要多用，以传达奔腾不息的力量。但是，如果只是洪亮坚实的实声，硬度过高、过强，则缺少浪漫洒脱之感。

坚守底线显本色

站上讲台，不论是学校教师还是企业培训师，在课堂上都"万众瞩目"，要对自己的言行多加斟酌。如果犯了禁忌，踩了职业底线，轻则影响声誉、断送前程，重则可能要负法律责任（比如，将过往培训过的企业的保密内容泄露给同行）。

在课堂上，培训师要注意摒弃的做法与内容如下。

（1）谈论敏感话题。 除非很清楚对方的立场，否则应避免谈到具有争论性的敏感话题，如宗教、政治、党派等，以及容易引起双方抬杠或对立僵持的话题。

（2）负面言语及观点。 在课堂上总是说出负面言语或观点的培训师，实际上是习惯了负面思维方式。这会营造消极气氛，使自己和他人丧失信心，降低能量，引发坏情绪，给他人带来伤害，严重影响学习氛围，降低信任感。以下列举 8 种常见的负面思维，看看自己是否中招。

- 非此即彼：比如评价学员时，习惯得出非黑即白的极端结论。
- 以偏概全：用片面的观点看待整体问题；片面地根据局部现象来推论整体，得出错误的结论。
- 心理过滤：从过往的经历中，挑出一段消极的细节反复回味，然后觉得这个世界就是消极的。这种"过滤流程"就是"选择性失明"。
- 否定正面思考：把中性甚至正面的体验转换为负面体验，不是看不到正面体验，而是将之迅速转化为负面的体验。比如，其他培训师的课评比你好，你的第一想法是，那只是因为他运气好，遇到了好糊弄的学员而已。
- 妄下结论：不核实实际情况就迅速得出武断的负面结论。比如培训时，发现有学员睡着了，便直接认为这些人肯定不喜欢自己。其实他们可能是昨晚熬夜加班了。
- 放大和缩小：把事实不成比例地放大或者缩小。比如，培训时因为口误出了一个小问题，此时会暗示自己"我的天，我怎么办，我居然犯了这么大的错，太糟糕了。学员一定会笑话我"，以此放大不完美；相反，在考虑自己的优势时，缩小优点。

- "应该"句式：总是对自己说，应该这样，应该那样。当我们把应该强加于别人时，我们会沮丧；如果放到自己身上，也会压力重重。

- 乱贴标签：给自己或学员贴上一个负面的标签，常见的就是"我（他）是一个……"。比如，你给自己贴了一个"受欢迎的培训师"的标签之后，那么一旦现实中达不到你的预期，就会大大打击你的自信心，最后很可能因此从一个自我感觉良好的人，变成一个自卑的人。在你还不了解对方的时候，主观地判断对方是一个什么样的人，是一种很武断、很不负责任的行为，因为不是每个人都能通过观察就能看透他人。

（3）**批评和指责**。切忌说话尖酸刻薄、盛气凌人。尖酸刻薄的言语会对学员的心理造成一定负面影响。没有包容心的培训师有损职业形象，不能以身示范，又何以传道授业？良言一句三冬暖，恶语伤人六月寒。学员会关注培训师的一言一行，批评和指责会让学员与你保持距离甚至上升到冲突。优秀的培训师会善于用语言、手势、眼神、笑容等传递期望和情感。

（4）**负面情绪**。负面情绪包括焦虑、紧张、愤怒、沮丧、悲伤、痛苦等。负面情绪的根源主要还是对已发生事情的无奈，事情本身会引起情绪变化，但事情没有什么对错，有的仅仅是我们看事物的态度而已。所以说我们应该尝试多问"怎么办"，而不是用疑问质疑宣泄情绪。确定"怎么办"后你会做行动的主人，而不是情绪的主人。控制负面情绪还有一个很好的方法，即遇事深呼气，多深呼吸几次，我们的情绪就会逐渐地恢复平静。此外，保持充足的睡眠、做有氧运动、听舒缓的音乐、保持充足的饮水量、习惯性微笑等方法都可以帮我们抑制负面情绪。

✿ 本章小结

本章主要分享了培训师台风塑造的内容，你可以结合个人情况，做出以下思考：

1. 培训师在讲台上会出现哪些不良的小动作？

_____

2. 培训师的"风度"包括哪些方面？这是如何形成的？

_____

3. 你期待自己在台风方面发生哪些改变？

_____

4. 你会做哪些事让自己在台风方面发生改变？

_____

✿ 课后练习

1. 手势由（   ）、（   ）和（   ）组合而成。

2. 美国传播学家艾伯特·梅拉比安提出的"55387定律"中，有效沟通只有7%来自说话的内容，有38%来自说话的语音、语调，而55%来自说话者的外形与肢体语言。（   ）

3. 手势超过肩部的动作表达平和。（   ）

4. 声门轻松闭合或半闭合，带有部分气流摩擦声发出的是（   ）声，饱满度较高。

5. 声音是天生的，不可改变。（   ）

CHAPTER 12
第 12 章

生动化的语言表达

💡 思考一下

有讲师常常困惑：别人讲课生动有趣，而我感觉自己每次讲课对学员的吸引力不够，是什么原因呢？

☐ 课程内容存在问题

☐ 课程观点不够清晰

☐ 课程表述逻辑出现了问题

☐ 授课过程没有新意

☐ 授课过程缺乏幽默感

☐ 授课讲师代入感不强

☐ 其他原因：＿＿＿＿＿＿＿＿＿＿＿＿＿＿＿

著名教育技术与设计理论家梅里尔认为，影响学习效果的因素可以分为三类：教学内容、教学方式、呈现技巧。其中教学内容对学习效果的贡献率为50%，教学方式和呈现技巧对学习效果的贡献率各占25%。由此可以看出，教学内容是对学习效果影响最大的因素，但呈现技巧也是影响目标任务完成的重要因素，这体现了讲师的作用和价值，更体现了讲师的授课表达的重要性。如何提升自己授课的呈现技巧，增强授课的感染力和吸引力？这恐怕是很多培训师会问到的问题，接下来我们就来谈谈如何让我们的授课变得更加生动有趣、富有感染力。

感人心者，莫先乎情

授课语言是培训师与学员之间交流的桥梁。培训师在培训教学中要完成传道、授业、解惑的任务，就离不开授课语言这个有力的手段。生动的授课语言能够吸引学生的注意力，培训师运用生动的语言可以讲出色彩、讲出感情、讲出意境来。古人云，"感人心者，莫先乎情"，培训师应在授课当中融入感情因素，这样对教学内容的讲解分析会更加生动、透彻且充满乐趣。

英国前首相丘吉尔说："一个人能在多少人面前讲话，他的成就就会有多大。"丘吉尔曾被美国杂志《人物》列为世界近百年来最有说服力的演说家之一。他的演讲非常有感染力，第二次世界大战期间，他的演讲鼓舞了很多人，提高了军民的士气。

罗振宇说："现代社会各行各业的红利，都将向善于表达的人倾斜。"口才不一定能让我们一夜暴富，走上人生巅峰，但一定能够给我们带来不一样的转变。东方甄选的董宇辉就是生动的例子，他在介绍农产品时旁征博引、妙语连珠，用优美的词句使观众共情，正是这种非常强的感染力，促成直播间爆单。他们的共同特点就是，语言表达非常有感染力。

美国心理生物学家斯佩里（Sperry）博士，曾提出过关于人的左右脑如何工作的理论，左脑负责理性，右脑负责感性，左脑负责和逻辑相关的工作，而右脑则负责创造力相关的工作。有一句话大家一定经常听到，"晓之以理，动之以情"，即用道理使人明白，用感情打动人心。人往往会理性思考，却感性决策。所以不管是演讲还是授课，我们说话的时候都要兼顾理性和感性两个方面，理性让我们思考清楚，那么感性就让我们能够说得明白，让别人喜欢听、愿意听，激发学员的兴趣，并做出选择和决定。所以想要让我们的授课更加生动有趣，我们就必须学会理性思考，感性表达，这就需要借助生动化的语言表达，从专业深度到深入浅出再到出神入化。

培训师授课的三重境界

古今成大事业、大学问者，无不经过三种境界："昨夜西风凋碧树，独上高楼，望尽天涯路""衣带渐宽终不悔，为伊消得人憔悴""众里寻他千百度，蓦然回首，那人却在，灯火阑珊处"。培训师的授课需要有几重境界呢？

我们通常认为一个培训师在授课的过程当中有三重境界：专业感、通俗感和幽默感。

第一重境界：**专业感**，也就是专业深度，要求授课内容非常专业，有一定的沉淀，不能够出现错误和问题，必须体现培训师的专业知识。这是最低的一重境界，是培训师最基本的素质要求。仅有专业感其实是远远不够的，我们必须跃迁到第二重境界。

第二重境界：**通俗感**，培训师授课在具有专业感的基础上还要有通俗感，就是授课能够深入浅出，既要有专业深度，也要做到通俗易懂、易学易记。这就要求培训师具备一定的提炼、归纳技能，能将专业的内容深入浅出地讲给学员。

第三重境界：**幽默感**，也是我们说的引人入胜的境界。我们都熟悉柯氏四级培训评估模型，其中在反应评估层面，就包括对培训师培训技巧的反应，如果培训师的授课方式不够吸引人，就会影响到评估的结果。培训师有幽默感，不仅能够营造很好的课堂氛围，也能够有效地吸引学员的注意力。

　　培训师都希望自己的授课能够引人入胜。这个境界来之不易，但通过一些刻意练习也是能够习得的。就像我们熟知的小品演员、相声演员、脱口秀演员等，他们的幽默感可能是天赋，但大部分演员也都是长期刻意模仿、训练的结果。

两招进阶第二重境界

　　有培训师常常发问：我感觉自己还停留在第一重境界专业感里，有什么方法能够让我实现进阶，进入通俗感的境界呢？

　　我们推荐两个招式帮助你完成从专业感到通俗感的跃升：反混乱、反枯燥。

1. 反混乱

　　我们先来看一个例子：假设你现在是一个银行的内训师，现在要给你的学员讲一讲什么是支票。对于下面这页 PPT（见图 12-1），你会怎么讲呢？

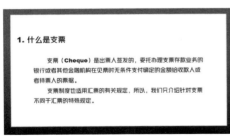

图 12-1　PPT 示例 1

　　你可能会这样讲："什么是支票呢？支票是出票人签发的，委托办理支票存款业务的银行或其他金融机构在见票时无条件支付确定的金额给收款人或持票人的票据。在支票审核的时候，要审核支票的字样、出票日期，确定的金额要大写，需要有出票人的签章，并且要有无条件支付委托的字样以及付款人的名称。"

　　用两页 PPT 把什么是支票以及支票审核的要素都"念"完了。如果按照这种"念"的方式，试问一下，你是否已经掌握了支票以及支票审核的关键要点了呢？很多培训师在讲授一些概念很多、专业性很强的课程时，会通过"念" PPT 的方式来完成授课。所以学员常常会苦恼，花费了时间，什么也没记住。培训师也会很纳闷，我明明都说得很清楚，为什么学员学习的效果这么差呢？到底是什么原因呢？那我们就来看一看为什么这种表达是混乱的。

　　第一是重点不突出，也就是说，在"念"的过程当中，你要强调的内容不够明确。

　　第二是啰唆不清，在刚刚的授课内容里，有一些内容其实是没有用的。

　　第三是逻辑混乱，比如说支票里面的那几个要点，它们彼此之间存在着什么关系，没有表达清楚。

　　在《高效演讲》这本书中，作者提到："演讲者是一个旅游行程的导游，而观众就是此次行程的游客，导游有必要将整个旅行的大概行程给观众做一个介绍，以便观众在行程中能更好地跟着导游旅行。"同理，培训师在授课的过程当中，也像一个导游，培训师的逻辑就是那张路线图：如果你的路线图足够清晰，那么一定能够带着学员在课程中更好地去旅行；如果你的路线模糊不清的话，那么学员可能就会迷路。

　　我们追求课程的生动化表达，但生动化表达的前一个层次应该是结构化表达。结构化表达是基于结构化思维，厘清事物整体与部分之间的关系、换位思考后，进行简洁、清晰和有信服力的表达，是一种让受众听得明白、记得清楚、产生认同的良好沟通方式。如果说生动化表达是技术和艺术的结合的话，那结构化表达就属于表达的技术。我们在讲话的时候，一个最基本的要求就是能够把自己的想法、思想重点突出、条理清晰地讲出来，我们自己要能讲得清楚，同时别人也能听得明白。所以，我们要想反混乱、表达清晰，就需要杜绝以上三点（重点不突出、啰唆不清、逻辑混乱）。这也就意味着我们需要做到结构化的表达：既要观点明确，又要表达简洁，还要逻辑清晰。

那用什么方式才能够做到结构化表达呢？现在就给大家两个招式。

（1）提炼关键词。这个招式要求我们无论在页面的呈现还是语言的表达上都要突出关键词，想做到结构化表达需要有提取要点、关键词的能力，一个人知识越丰富，能够提取的要点就越多。如何实现呢？在页面呈现方面我们需要把握三个要点：一是每页的关键词，也就是在课件标题的位置，你要用中心词来体现当页的中心思想；二是每段的关键词，也就是除了标题位置要有每一页的关键词，在正文的位置也要有每一段要突出的几个关键词；三是用易讲易记的词语展现出来，这里我们常常会做的就是"编码"的工作，我们可以利用数字或字母来进行打包组合，让学员能够快速记忆。

比如，国外的一些飞行员培训学校，在学员飞行前需要向教员说一句：I'M SAFE。这其实就是飞行员在飞行前完成 6 个方面对自身安全状况的评估的检查单，评估这 6 个方面是否存在问题，进而进行可以飞行或不可以飞行的决策，以提升飞行安全。"I'M SAFE"是由 6 个并列逻辑关系的单词首字母 ○ 组成的一句话，它构成了便于理解与快速记忆的检查单。

我们改变一下讲授方式："接下来我要介绍的是支票，那到底什么是支票呢？让我们一起来看一下支票的定义：支票是出票人签发的，委托

○ 其含义为：I, illness，疾病；M, medication，药品；S, stress，压力；A, alcohol，酒精；F, fatigue，疲劳；E, emotion，情绪。

办理支票存款业务的银行或其他金融机构在见票时无条件支付确定的金额给收款人或持票人的票据。"做了哪些改动呢？首先，标题表达的是这一页的中心词；其次，正文的内容也做了调整，由原来的一段话调整了四行，目的是想让学员知道支票的四个关键点（见图 12-2）。最后，不同的地方是对关键词做了放大加粗变颜色的处理。

以上三点是在课件页面上做的调整，但是在语言的描述上也是需要去进行匹配的，加大变粗变色的关键词我们要进行重音强调，同时配合语句的连贯、停顿、情感表达的处理，这样才能够让学员感受到哪里是关键内容。讲授方式变为："我们现在知道了什么是支票，那在审核支票的时候，我们需要审核哪些关键要点呢？接下来我们就来看一下支票审核的两个关键，一个是要素，另一个是时效。"

图 12-2   PPT 示例 2

下一个问题，我们在审核支票的时候，需要审核哪几个要素呢？书写有什么要求呢？我们之前谈到过结构化表达需要有提取要点的能力，掌握提取要点的技巧。我们试一下用关键驱动要素法（KSF）来提取要点：就如庖丁解牛，牛的不同的结构部位可以说就是牛的要素，若干个要素构成了整个牛。假如你是一个潮汕美食家，就会对牛的不同部位进行介绍，比如脖仁、吊龙、匙仁、匙柄、胸口朥⊖、牛腩、三花趾、五花趾等各有什么口感和营养成分，适合哪些人群吃，吃了有什么好处。还有，从事过安全生产管理的人员，如果生产现场出现了安全问题，可以从人（Manpower）、机（Machines）、料（Materials）、法（Methods）、环（Milieu）五个方面寻找出现问题的原因，这五个方面就是产生问题的五个因素，可用"5M 因素法"进行分析，如图 12-3 所示。

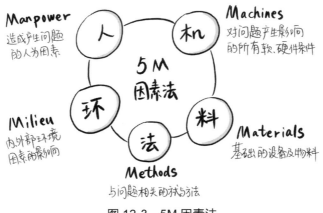

图 12-3　5M 因素法

我们再总结一下票据记载的六要素，票据书写需要规范的三个地方，票据不可更改的三要素，如图 12-4 所示。

这一次的调整和之前的讲法又有什么不同呢？那就是进行了数字的打包整合，"票据记载的六要素""不可更改的三要素"，归纳了"六要素"和"三要素"后你会发现，学员记得更快、更牢了。这就是用好听、易记的方式对授课内容进行包装，把知识点更好地传递给学员。

（2）逻辑串联法。 在之前讲述的过程中有好几个地方都用到了提问

⊖　"朥"应为"䐏"，潮汕地区称动物油脂为"朥"。"朥"为当地谐音俗写。

的方式来进行内容的串联，比如："我们现在知道了什么是支票，那在审核支票的时候，我们需要审核哪些关键要点呢？"这就要用到之前讲过的逻辑法来提取要点。逻辑法是根据事物间的逻辑、因果、次第、层次的关联关系来提取要点，常见的逻辑法包括演绎法和归纳法。那什么是逻辑串联呢？其实就是从这一章讲到下一章、从上一页讲到下一页的时候，每一个知识点都要有一个很好的逻辑过渡。那如何做到逻辑串联呢？有以下两个方法。

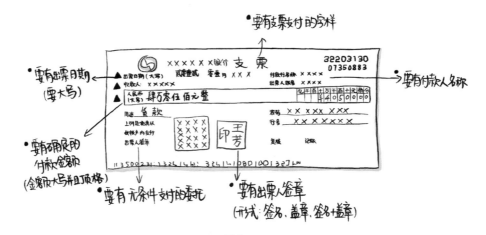

图 12-4　票据六要素及规范

第一个方法是**设问串联**。

德国教育学家第斯多惠说过："教学的艺术不在于传授本领，而在于激励、唤醒和鼓舞。"我国古人强调："善诱者，善导。"因此可以通过设问的方法，引导学员进行思考，鼓励学员思考。我们讲课的过程中，从上一章到下一章、从上一页到下一页的时候，可以设计一个问题，用问题带出你即将讲述的内容，就如："那在审核支票的时候，我们需要审核哪些关键要点呢？接下来我们就来看一下支票审核的两个关键。"这样用设问串联的方式顺利地过渡到了下一页的内容，而且引导学员思考答案，这就是设问串联法。

第二个方法是**逻辑词串联**。

逻辑词串联可以采用时间次序、方位次序、类别次序等。通常建议大家用以下的逻辑词：并列逻辑可以用"第一、第二、第三"；如果要表达的是递进的逻辑，可以用"最重要的是，其次是，再次是"；如果是流程的逻辑，可以用"第一步、第二步、第三步"。在语言表达过程当中，要用清晰的逻辑串联词来强调所表达的逻辑关系，尤其需要注意的是，课件的内容和我们讲授的内容要保持一致。

总结一下，反混乱的第一个招式是找关键词，注意课件页面的呈现要和语音、语调相互统一；第二个招式是逻辑串联，可以选择用设问的方式进行串联，也可以用逻辑词进行串联。

2. 反枯燥

《如何成为专家》这本书对专家有这样一个定义："如果不能够用通俗简单的语言来表达你的专业知识，说明你对该领域的理解还不够深入。"其实真正厉害的培训师无论把多专业的知识讲给学员，都会让学员觉得："哇，其实也没有那么难！"我们在讲《西游记》的时候，常会提到花果山的美猴王孙悟空，会说他其实就是"花果山管委会主任"。这就是用听众熟悉的事物来解释不熟悉的事物，也就是建构主义中说的用旧知来消化新知，这就是通俗感。想要实现从专业感到通俗感的跃升，我们只做到反混乱是远远不够的，现在很多企业内部的业务课程都是专业性非常强的，讲起来容易枯燥难懂，用我们之前讲的反混乱招式可能不一定奏效，那就要用到第二个招式——反枯燥。

如何使你的语言表达是生动的而不是枯燥的？"生动"，就是指形象具体、新鲜活泼，能使人感动，往往是以"准确、鲜明"为前提的。"生动"要求表达能充分调动人们的形象思维，使表达具体、形象、可感。语言要做到生动，就要做到灵活地选用词语、句式、修辞手法。这里我们强调恰当地运用修辞手法，采用比喻修辞能使语言独具特色，可以使语言更生动、准确、鲜明，增强语势。因此，反枯燥第一个窍门就是用比喻法表达。

（1）**比喻法表达**。有的人会说："学员听不懂我讲的课程，恰好证明我的专业度够高，不然怎么我是培训师呢？"其实不然，著名的领袖型数学家希尔伯特说："真正的数学大师应该能够在乡间小路上向偶然遇到的农夫讲清楚什么是微积分。"这说明无论多复杂的内容，我们都可以给一个完全不知道的"小白"说明白。

讲师常常发问："我们研发的培训资料为什么员工都记不住？"

答："如果你的培训资料内容中专业术语再多一些，他的表现会让你更失望。"

我们举几个运用比喻法表达的例子：

- 如何解释关于新闻与文学的区别？下面这段描述给我留下深刻的印象："新闻是健美比赛中的运动员，尽量要少着装，以突出体格的强健；文学是台上的舞蹈演员，必须借助服装和灯光，以表现美的韵律、韵味。新闻是'删繁就简三秋树'，文学是'花簇锦绣满园春'"这段描述用形象生动的比喻通俗化了术语。

- 如果我是银行的一线人员，想要给一位老大爷讲一讲保本理财，于是给他推荐"保本基金"，如果我要跟他说什么投资标的、保本周期、历史收益等银行中的这些专业术语，老大爷能听明白吗？听不明白自然不会买单对吧？如果我告诉他："保本基金实际就是一场不会输的麻将局，整场麻将 3 个小时，当你在连续

15 分钟内赚够 18 万元时，你就可以散场回家了。从开始一直打到结束，如果你还没赢钱，不要紧，你仍然可以带着本金回去，也就是说带着 100 万元来打麻将至少能带着 100 万元回去。"这个时候，把专业的知识变成了生活中的例子，你会发现老大爷能够听得懂了，并且还有一些心动了。

- 《道德经》里曾用烹饪来比喻治国："治大国，若烹小鲜。"治国本来是一个很宏大的话题，这样一说就很容易理解了，意为治理大国要像煮小鱼一样，煮小鱼，不能多加搅动，多搅则易烂，比喻治大国应当无为 ⊖ 。

我们再来看看《奇葩说》第五季的"BBking"⊖陈铭在一次辩论中是怎么运用比喻的方法来解读信息、知识和智慧的（见表 12-1）。

表 12-1　表述方式对比

陈铭采用比喻法的表述	通常的表述
信息、知识和智慧：信息是这里有一瓶水，这是外部的一个客观事实，这是一个信息；水在零度的时候会结冰，这是一个知识点，是对外部客观规律的归纳和总结；在未来，我在什么时候把什么味道的水变成什么味道的冰棒卖给谁，叫作智慧	信息指音讯、消息、通信系统传输和处理的对象，泛指人类社会传播的一切内容；知识是符合文明方向的，人类对物质世界以及精神世界探索结果的总和；智慧是生命所具有的基于生理和心理器官的一种高级创造思维能力，包含对自然与人文的感知、记忆、理解、分析、判断、升华等所有能力

陈铭用一瓶水来做比喻就把信息、知识和智慧以及三者之间的关系阐述得非常清楚了。对比一下，如果用专业名词来解释专业名词是否感觉相当复杂呢？所以，我们想用生动化语言来授课的时候一定要知道，

⊖　此处无为是不妄作为。

⊖　指一场比赛里获胜方中表现最好的人。

切忌用专业名词解释专业名词。

　　以上几个例子，都十分巧妙地采用比喻或者类比的方式，生动地说明了一个概念、理念或者行为，非常容易让人理解和记忆。作为培训师，我们需要具备较强的语言组织能力。结构是语言的载体，如果把语言结构比喻成人的骨架，则语言组织（语言内容）就是血肉，它是依附在结构上的。语言结构解决了整体思路、逻辑、系统的问题，语言组织就是对各结构节点上的要点进行扩充和丰富，也就是内容展开的过程。语言表达就是通过观点（理念性内容）、原因（说明性内容）、事实（叙述性内容）来支撑的，日常大多数时候就是按照这样的逻辑来进行表达的。了解语言表达构成的三类内容（理念性内容、说明性内容、叙述性内容）后，我们就可以找贴合的例子，用比喻或者类比的表达方式来帮助学员理解，这就是反枯燥的方法——比喻法。

　　（2）"情境化"教学。我们做个小测验，在大学里学生下周要进行考试，以下哪个是学生备考的最佳地点？

　　A. 阳光明媚的室外的一棵树下

　　B. 伴随着空调声的教室

　　C. 安静、光线充足的图书馆

　　D. 嘈杂的咖啡馆

　　如何选择？有人会选 C，认为适合学习。但我们回忆一下，高考前学校会安排去看考场，为什么？目的就是让考生提前熟悉、适应考试的环境。正确答案应该是 B，选择与考试的场景最相似的地点。有什么启发呢？在企业内训中，很多课程都是在模拟实际的场景或者真实工作场景中进行的，这样就更容易聚焦，学员学完了之后更容易转换。所以，我们授课的时候只有连接到了真实的或者接近真实的工作情境中，才更容易掌握内容并印象深刻。

　　很多人看过《萨利机长》或者《中国机长》，它们都是根据真实故事改编的，影片中的机长都在飞机遭遇重大危险的时候凭借高超的技能、扎实的专业知识、过人的心理素质转危为安。这些过人的能力绝不是偶得的，而是需要经过长期刻苦钻研，持续的技能训练实现的，通过初始训练、每年的复训，不断强化技能。飞行员以及空乘人员每年都要接受非常严格的复训：飞行员会在飞行模拟机上进行各个特情科目的训练，空乘人员会在模拟服务舱、模拟动态舱、模拟灭火舱中进行复训，机组成员都要在水上训练场地（游泳池）模拟水上迫降的科目。这些模拟设备非常接近真实的飞机和场景，通过充分练习形成肌肉记忆和应激反应。飞行员在遇到特情时需要在瞬息间做出决策和动作，如果没有定期到模拟真实场景当中去训练和考核，开展"OJT"（On the Job Training，在职培训）进行刻意练习，川航机长又如何能够成功处置特情成为英雄机长呢？当然，我们很多培训都不可能像民航培训那样在昂贵的模拟机或模拟舱中进行训练，我们如何进行情境化的训练呢？这就需要我们讲师来创建一个场景，让学员沉浸在场景中接受教学。这就是我们要给大家介绍的反枯燥的另一个招式："情境化"教学。

情境化教学有两大目的：第一个是能够帮助学员去做转化，因为用的都是工作当中真实的场景，所以转化快、内容聚焦；第二个是能够引起学员的兴趣。

如何实现情境化呢？我们先看一下什么是情境化教学。情境化教学就是要有目的地引入或创设具有一定情绪色彩的场景。以形象为主体的生动具体的场景，可以引起学员一定的情感体验，从而帮助学员去理解知识点。生动的语言具有"画面感"，使学员产生"如见其人、如闻其声、如睹其物"之感。就如优秀小说家的标志之一就是能用文字"画图"，让你"看见"红楼，"听见"鸟儿在春天的清晨鸣唱，"尝到"四川火锅的味道。你需要用你的生动语言创造一个场景，用讲故事的能力，把学员带入这个场景，让他参与到这个故事里。卡耐基说过："一两重的参与胜过一吨重的说教。"最有效的授课方式和内容设计就是用"讲故事"来演绎。

为什么反复强调场景化和情境化？情境化能够促进学员记忆。要创设一个场景，这个场景应该是学员非常熟悉的，要么是工作中的真实场景，要么就是生活中的真实场景。通过生动的语言，学员眼前就会有一个画面，就会有情感体验，就会促进他的理解和共情，学员容易接受。

比如董宇辉卖大米的时候，他在谈人情冷暖："我没有带你去看过长白山皑皑的白雪，我没有带你去感受过 10 月田间吹过的微风，我没有带你去看过沉甸甸地弯下腰、犹如智者一般的谷穗，我没有带你去见证过这一切。但是，亲爱的，我可以让你去品尝这样的大米。"在解读董宇辉出圈大火背后的逻辑时，有一个关键词不容忽视，那就是"情境化"。董宇辉通过一系列故事，一个个画面，将商品生活化情境呈现在我们面前，从而产生强大的情感共鸣，让大家认为买的不是商品，而是一种回忆、一种陪伴、一种未来。

我们在授课的时候，只要有了情境化、场景化，代入感就很强。所谓"情"，就是空间和时间的结合，能够吸引住学员；"境"则是情景和互动的搭配，要与学员互动。尽可能呈现真实的特定场景，这样授课就能实现场景化、生活化，让学员感知到、看得到、摸得着、学得到。情境化的教学手法有很多，比如飞行员和空乘人员的训练有模拟机或模拟舱，就采用了非常逼真的实际场地，也可以借助一些道具，比如角色扮演等。如果这些都没有，我们也可以用生动的语言来创建场景和情境。这种方式能够很好地激发学员的兴趣，因为这让学员眼前有了画面感。如何用情境化的方式来激发学员的兴趣呢？我们来看一个例子。

银行的一位内训师开发了一门课程——"攻坚疑难账户之实施外访方案"，我们比较一下使用平铺直叙的方式表达和使用构建场景的方式表达有什么区别。

用平铺直叙的方式表达："我们先来说两个内容：第一，我们实施外访要注意选择外访的对象；第二，在外访的过程中因为地址不详我们就要去询问当地的人……"

用构建场景的方式表达如图 12-5 和图 12-6 所示。

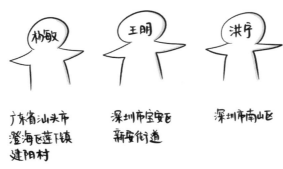

图 12-5　用构建场景的方式表达 1

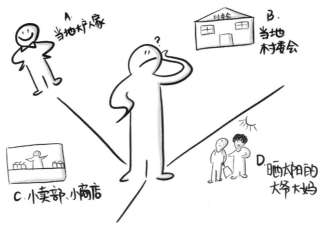

图 12-6　用构建场景的方式表达 2

如果用平铺直叙的方式表达，学员可能很难对这个话题感兴趣，但构建一个场景，然后提出一个问题，这个时候你会发现学员开始对话题进行思考，并跟随培训师互动起来，兴趣也被调动起来了。培训师也非常顺利地将第一个知识点"如何选择催收对象"传递给了学员。接下来构建第二个场景，将另一个知识点"注意人多的地方可能会有人通风报信"传递给了学员。这样授课一环扣一环，第一步构建一个场景（同时引出一个问题），第二步抛出知识点，第三步再构建一个场景（引出第二个问题），第四步再抛出一个知识点，我们就通过这样的四个步骤把课程从平铺直叙变成了一幕一幕的"电视剧"。

再举个例子，培训师要讲授"关于乘机旅客和机组人员携带危险品的规定"的知识点，提到"规章""规定"，给人的感觉是非常枯燥乏味的课程，而且不容易记忆。那如何用场景化的方式去教学呢？

教育家叶圣陶先生说："教师之为教，不在全盘授予，而在相机诱导。"可以说，一个真正伟大的教育工作者，不会试图把学员带进他个人知识的殿堂，而会将他们引到心灵的门口，让他们主动地探索与思索，从而提高自发学习的兴趣。

因此培训要构建一个学员相对熟悉的场景："大家一定都有乘机旅行的经历吧，那有没有行李被安检员拒绝携带的经历呢？"学员一定会开始回忆"充电宝、打火机、电脑、自加热火锅、电动平衡车……"这时候培训师说了："大家回答得都没问题，但是其中有一部分是不可以作为托运行李但可以作为手提行李携带上飞机的；有一部分是可以托运但不可以作为手提行李带上飞机的。我们一起来看一下究竟是怎么来区分的……"你看，这就是构建一个熟悉的生活场景，然后引出问题，传递一个知识点。培训师可以接着提问："充电宝是可以作为手提行李带上飞机的，为什么有的充电宝也会被安检扣下呢？那这就与充电宝的瓦时数有关了……"培训师又顺利地将一个知识点传递出去了。学员跟随场景的一幕幕展开进行思考，培训师在适当的时候进行启发，学员也在理解和记忆相应的知识点。培训师在场景中的启发非常重要，一般的培训师的培训方式是叙述，好的培训师的培训方式是讲解，优秀的培训师的培训方式是示范，卓越的培训师的培训方式是启发。真实的个人经历是最好的说明方式，因为它能让一个知识或理念显得清晰、有趣、具有说服力、容易被接受。所以运用"情境化"的方式，可以让课程讲授更加生动。

有的培训师可能要问：这些场景和问题需不需要在课件中显示出来？

这个就由培训师自己决定了。对于新手培训师，我们非常建议把这些场景及问题直接在课件里面去体现，这样不容易遗忘，而且方便做课程的串联；如果你很熟悉这个方法，那么默默记在心中也是完全可以的，不用显示在课件中。对于培养授课的通俗感，我们要做到反枯燥，并介绍了两个招式：第一招，比喻法表达；第二招，情境化教学。在实际应用中就是希望达到专业知识生活化，实战业务场景化的效果。

一个公式、两个方法，进阶第三重境界

有的培训师可能会问："我授课具备了一定的专业感，能够展示通俗感，那如何修炼幽默感啊？"

苏联教育家斯维特罗夫说："教育最主要的也是第一位助手，就是幽默。"德国著名学者海因·曼麦则说："用幽默的方式说出严肃的真理，比直截了当地提出来更能为之接受。"幽默是很多人都想要追求的。一个好的培训师，不仅要课讲得好，而且还要善于调控课堂气氛。授课的幽默感在无形中架起一座师生心灵沟通的桥梁，营造出一种融洽愉快的氛围，让学生身心得到放松，乐于受教。我们在表达的时候可以通过幽默的技巧，让我们说的话丰富、饱满、立体，具有趣味性，从而能够调动听众的情绪共鸣。在《幽默心理学》一书中，马丁称幽默是一种"取悦策略"，能让人更易于在群体中被他人接纳。因此，幽默感不但能够让

我们的授课更加生动有趣，也会让我们在生活中平添很多乐趣和好人缘。所以，常常有人会说"好看的皮囊千篇一律，有趣的灵魂万里挑一"。因为我们的大脑是偏爱幽默的，幽默能够消除人们的心理防线，让学员能够更快、更容易地接受你传递的信息，能够给你的课程增加很多的趣味性，更能够增加你个人的魅力。但是幽默感往往是可遇不可求的，有的人幽默感与生俱来，而有的人则不然。如果你想培养一下自己的幽默感，想要达到第三重境界，那最重要的就是在课程的讲授中做到"反平淡"。给讲师推荐一个幽默公式和两个方法，帮助大家达到第三重境界。

1. 一个公式

有一个幽默公式：铺垫 + 预期→意外 = 笑点。也就是前面一段铺垫，产生一个预期，后面是一个意外，就会产生笑点。比如：

- 前段时间居家，大家因为无聊，行为越来越奇怪，我对面楼的大爷连续三天站在阳台盯着我看，第四天我实在受不了了，换回了男装。
- 我一直在租房，租房装修一定要提前和房东商量好。我之前，私自把房子的门拆了，房东很生气，因为他还没租给我。这不能怪我，因为前一天他说一个月房租 4000 元，我说 3500 元，他说那没门，我说可以。
- 今天的主题是上班。外地人在上海找工作很难。我之前去一家公司面试，面试官叽叽喳喳说了半天，我实在忍不了了，我说不好意思，我听不懂上海话，他说这是英文，我说这里是中国，他说但你面试的是翻译。

以上例子都用到了这样的幽默公式：铺垫 + 预期→意外 = 笑点。我们可以收集，也可以尝试自己创作。

2. 两个方法

除了上面的幽默公式，也可以用以下两个方法。

（1）积累幽默素材。大家都熟知的艾宾浩斯遗忘曲线（见图 12-7）告诉了我们知识遗忘的规律：在一场培训后 1 小时内，人们只能记住44.2% 的授课内容；经过 1 天，将只能记住 33.7% 的内容；6 天后，记住的内容仅为 25.4%。

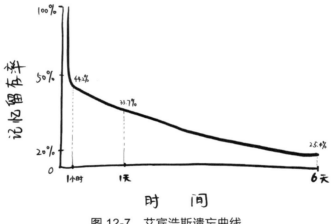

图 12-7　艾宾浩斯遗忘曲线

有统计显示，学员能较长记忆授课者所举的有吸引力或者幽默的故事、案例及自身经历。这与"学习金字塔"理论有类似的地方，能够说明幽默的故事对于学员来说印象深刻，留存率很高。授课中融入幽默感大致分几种情况，如幽默导入、幽默讲解、幽默总结、幽默评价、幽默对话。我们需要平时留意身边发生的有趣的事情、有意思的见解，尤其是让身边人捧腹大笑的事情，然后把它们记录下来，编写成和你课程相关的故事。

我们熟悉的注意力曲线（见图 12-8）告诉我们，在一堂培训课中，学员是无法始终高度保持注意力的，会被不同的因素干扰学习的注意力，这就考验培训师是否能利用成人注意力曲线，在学员注意力分散的临界点利用不同的授课技巧将学员的注意力拉回到课堂中。通过注意力曲线，我们看到在 10 分钟左右时，学员的注意力开始转移，这时候可以发挥讲师的幽默感，用小故事、小笑话，尤其是与课程相关的幽默段子，将学员的注意力吸引到你的课堂中，同时活跃了课堂氛围。

（2）引用。我们既不是喜剧演员，也不擅长讲笑话，但是我们可以引用别人的幽默语言来成就自己的表达，就像我们知道的很多喜剧演员、相声演员，都要背诵

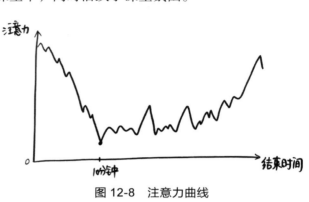

图 12-8   注意力曲线

很多的小品名场面以及相声经典段子，练得久了，用得多了，慢慢就能够信手拈来了。当然并不是说我们的授课中一定要让学员不停地笑，只是在某个情景中"展现"幽默，要有"度"的概念，要恰到好处，所以我们不必追求每句话都有笑点，而只是给我们的课程增加一丝幽默，让它不再平淡。

有武有功，方到终极境界

有的培训师可能要问：什么是我们培训师追求的终极境界啊？

培训师授课的过程有三重境界：**专业感、通俗感、幽默感**。那**什么是我们培训师追求的终极境界啊？** 在此借用著名京剧演员江南第一武生盖叫天的一句话："三形儿、六劲儿、心已八、无意则十。"这位老先生将京剧表演总结为四个阶段：三形儿，指的是有模有样，可以当演员，

三分；六劲儿，指的是亮相、词准、腔圆，能上台了，六分；心已八，指的是走心动情了，八分；无意则十，是无数演员追求的终极梦想，演员进入这一层境界，不再刻意琢磨怎么演，而是想怎么来就怎么来，都是一出好戏。就像孔子说的："从心所欲，不逾矩。"

我们培训师又何尝不是如此呢？培训师首先需要保证外形有准，然后熟能生巧，准确拿捏授课的精髓，再然后就是走心动情，最后达到内外合一的无上境界。"三形儿、六劲儿"是一名合格的培训师应当具备的基础和基本功，而"心已八、无意则十"则是新手培训师成长为一名培训师的必经之路。由此可见，基本功对于一名培训师的重要性，培训师也只有扎实掌握的各种基本功，并能够达到运用自如的程度之后，才能向"心已八、无意则十"的境界提升，才能实现真正的生动化表达。有人说表达见解的能力几乎和见解本身一样重要，这也就说明具备生动化表达的能力是非常重要的。

"三形儿"就是培训师在课堂上的授课已达到了一定的准确度，像模像样了，基本形状具备了。但按功夫程度来说，也就达到了三分。

"六劲儿"表示能懂得运用技巧了，会用各类授课技巧开展与学员的互动，带动学员，这就到了六分程度了。

"心已八"解释为心里怎么想，各种相应的技巧、方法信手拈来，应变能力很强，随心所欲地控场，这就到了"八分"。

"无意则十"是指心里有个标准，也不用刻意追求，自然就有表现形式来展露，而且还能自如地把"内"和"外"结合在一起，形成了自然的神韵。到了这种"火候"，才算到了十分程度，也就是人们通常说的"炉火纯青"。

俗话说，"练武不练功，到老一场空"。这里的"武"指套路，类似语言表达的技巧；这里的"功"指耐力、力量，也就是所谓的"内功"。因此，技巧只是表面的、暂时的，而深厚的文化底蕴、精湛的专业知识、良好的品行修养——这些"内功"才是最重要的！只有"武"与"功"相辅相成，才是我们培训培训师努力的方向。

朱熹在一首非常典型而隽永的哲理诗中写道："问渠那得清如许，为有源头活水来。"意思是，水渠为什么能如此清澈，那是因为有流水源源不断注入。他以清澈的水渠做比喻，用形象生动的方式讲出做学问、读书要常常获取新知，有新的思考才能不断进步的道理。"人人都是培训师，教就是最好的学"，培训师只有在教学实践中持续不断地学习新的知识、理念、技能，"有流水源源不断注入"，坚持开放的心态，保持输入远大于输出，练得有"武"有"功"，才能体会"会当凌绝顶"的感觉，这也就是我们培训培训师苦苦追求的终极境界。

❀ 本章小结

本章分享了培训师授课的三重境界，并分享了每一重境界跃升的方法。你可以结合个人情况，做出如下思考：

1. 现在的你正处于第几重境界？

_____

2. 你期待自己能够进阶到第几重境界？

_____

3. 在过去的授课经验中，你是如何进行境界跃升的？有没有将自己的方法沉淀下来？

_____

○ 通"哪"。

04

第四部分

开发一门
精品课程

教学的秘诀之一是有效地运用时间。

在备课时多花些时间如在根上浇水，在课堂上增加学生负担似在叶上施肥。

CHAPTER 13

第 13 章

探索精品课程

💡 思考一下

在与一些培训师交流时常常会有人提出这样的问题:"什么样的课程是精品课程呢?"以下有关精品课程的介绍,你倾向于哪一种说法?

☐ 一流教师队伍、一流教学内容、一流教学方法、一流教材、一流教学管理等特点的示范性课程

☐ 课程内容全面,涵盖系统的各个专业知识

☐ 有实践案例、丰富的交互式教学方法、内容专业、技术拔尖的课程

☐ 目标明确、逻辑清晰、教学手段丰富的示范性课程

关于"精品课程"的定义,虽然在业界有各种诠释,但尚未有统一的标准,那在企业培训中如何衡量一门课程的优劣高下?

传统的课程开发基本上是基于胜任素质模型做的,首先考虑岗位胜任力是什么,要达到这种胜任力需要学习哪些知识和技能,再来做课程开发。例如要为财务预算岗的学员做培训,根据他的岗位胜任力要求,开发的课程往往就包括"基础财税知识""预算编制""全面预算管

理""熟练操作 Excel"……从课程主题中我们不难发现，这样的主题相对宽泛，内容追求大而全，在企业有限的课堂培训时长中，培训很容易变成填鸭式照本宣科，老师讲得无趣，学员听得疲惫，经常出现学过的内容在工作中不知如何运用，而用得上的内容貌似又没听明白。这种流于形式的课程往往既无法有效提升技能，也不能直接解决问题，除了消耗学员的学习热情，更是弱化了培训在企业中的价值。而且岗位胜任力模型有一个基本假设，那就是假设岗位要求是一成不变的，员工的能力和岗位要求有差距，所以要做培训。今天，随着外部环境加速变化，处在竞争前沿的企业也面临更多的不确定性，业务持续不断地快速变化，对岗位也提出了与时俱进的要求，以胜任力模型为基础的培训课程势必难以满足不断发展的业务部门的需求。

紧贴业务

企业培训的主要目的是促进员工业务的成长，员工学习的课程如果脱离业务实际应用场景，那无异于"纸上谈兵"。因此，精品课程首先要从"**用以致学**"的角度出发，紧紧围绕业务需求，以业务发展为目标，解决业务发展中的问题，提升关键岗位员工业务能力，是定义精品课程的前提和基础。

目标聚焦

精品课程的学习目标应该是聚焦的：课程是针对谁来学习的？想解决哪些问题？每个问题要解决到哪种程度？对这些问题都要有清晰的定义，这让我们在组织课程内容的时候知道什么需要讲，什么不需要讲，避免在课程内容组织上胡子眉毛一把抓，使内容失去焦点，变成一本流水账。

内容做精

精品课程的内容要突出一个**"精"**字，做到**"三精"**——精练、精细、精致。

精练：精品课程的内容一定不是"大而全"的泛泛而谈，这样的内容很容易让学员处于"信息过载"的状态，大脑的学习系统也会随之关闭。聚焦课程目标，只选择与课程目标相关的内容，针对这些内容进行深挖，体现出足够的专业深度，做到"少而精"。

精细：能够给学员提供清晰的指引，除了必要的知识原理，更需要易于复制的步骤、方法和工具。聚焦且有深度的内容、清晰且细致的理论方法，使得课程看起来"干货满满"。

精致：只有干货的课程，学员往往难以理解，致使学习效果大打折扣。过往很多传统课程培训效果不好，原因其实并非内容缺乏干货，而是干货太多、太干，学员无法理解，更谈不上消化吸收。图 13-1 是我们在企业内训师的课程中经常看到的内容。

```
                   自查准备
 ➤ 编制监察单
 ➤ 准备会议（人员、工具、设备等）
 ➤ 确定分工、统一标准
 ➤ 依分工和内容制订监察计划
 ➤ 通知受检单位做好迎检工作
 ➤ 其他监察文件
```

图 13-1　企业内训师课程内容示例

如同我们吃一盘营养丰富的菜肴，只有佳肴却少了美味的话，虽然营养，却味同嚼蜡，难以下咽，搞不好还会被噎着。"精致"的课程内容需要用心选择多样化且恰当的素材作为干货的"配菜"，比如案例、视频、图片、格言……当然,"配菜"并不是越多越好,选择素材的原则就是要围绕教学目标,能够有力地对干货进行"证明"和"说明"。素材选好了,还需要我们对它进行"精致"的加工和包装,才能帮助学员记忆,促进学员对内容充分理解,这样才更有利于对知识的消化吸收。

设计科学

精品课程在教学设计上需要尊重大脑的认知规律,符合人的认知天性。《认知天性》一书谈到人在学习认知过程中会经历七个步骤:输入—注意力—短期记忆—编码—长期记忆—检索—运用(见图 13-2)。

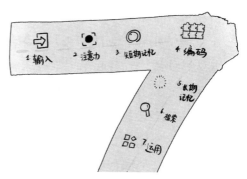

图 13-2 学习认知的七步之旅

我们每天接触到海量信息,每条信息能够在大脑中保留的时间在 250 毫秒 ~4 秒,这些信息等待大脑对它们进行抽取和加工,从而会长时间地储存在大脑中。大脑的容量是有限的,大脑的认知和加工能力也是有限的,根据"节省法则",只有一小部分能够引起大脑注意力的信息能够被抽取出来,这部分信息在大脑中进一步加工,也就是所谓的"编码",才会在大脑中保留下来,形成短期记忆。比如"有动用助,无动用 be",英语老师会用编辑顺口溜的方法帮助学生记忆一般现在时的语法知识,这就是一种编码的方式;我们熟知的 SMART 原则 ⊖,用建立模型的方式让我们记忆,这也是一种编

⊖ 目标必须是具体的(specific)、可衡量的(measurable)、可实现的(attainable)、相关的(relevant)、有时限的(time-bound)。

码方式。编码方式多种多样，总之编码的重点在于创造有意义的信息串，把若干条信息浓缩为一条，这有利于我们感知、学习和记忆。如果学员认为短期记忆中的信息有存储起来的必要，那被编好码的信息通过巩固，就会进入我们的长期记忆系统。长期记忆能够存在多长时间呢？回想一下我们曾经上过的英文课吧，大多数人学习英文是从中学甚至小学就开始的，下面我们用一个趣味的测试来检测一下你的长期记忆系统。

- 用英文表达颜色：赤橙黄绿青蓝紫。
- Spring Festival、Dragon Boat Festival、Mid-Autumn Festival 分别指哪个节日？
- 在英文中"look、see、read、watch"都有表达"看"的意思，它们有什么区别呢？

  我们来看看答案，你都答对了吗？
- red、orange、yellow、green、cyan、blue、purple。
- 春节、端午节、中秋节。
- look 是一个动作，表示看一下；see 是指结果，看见；read 指的是阅读；watch 一般是欣赏的意思，比如看电影、看电视、看球赛等。

如果你都答对了，那么恭喜你，就算是很久没有使用过，这些信息以某种方式长期存储在你的大脑中，在你的大脑中形成了一个知识信息"图书馆"，当你需要使用的时候，通过检索这些知识，调出有效的信息。如果你没有答对，同样恭喜你，相信通过刚才的测试，这些信息又重新被你在你的信息"图书馆"中翻找了出来，又一次被记住。所以，"长期记忆的重点不在于如何存储信息，而在于如何检索这些信息"[一]。考试、测验、做练习都是检索知识的有效手段，反复检索可以加强我们的记忆，

○ 来自《交互式培训》。

它等于给我们的知识链打上了记忆结，在今后使用的时候更容易被想起来，这也叫检索—练习效应。

了解了七步学习之旅，精品课程在设计中就要遵循这个学习规律。为学员设计学习课程，过程需要把握好三个要点：**注意力、参与度和转化率**。

第一，争取学员的注意力。通过多感官刺激，持续保持学员的注意力，有关这一点霍华德·加德纳的多元智能理论为我们提供了有力的支持。

第二，提升学员的课堂参与度。学员的课堂参与度也是衡量精品课程设计的一个重要指标，学员的参与不仅可以持续保持其注意力，同时通过亲自参与体验，促进知识留存。我们发现，学员自己参与过的学习活动，知识进入长期记忆系统的概率更高，这在"库伯学习圈"中也有类似的说明。

第三，提升学习的转化率。精品课程会关注学习从"知"到"行"的转化，课程讲完了，如何促进学员"学会"呢？检索将在这里起到重要的作用，通过大量的练习、测试、演练等方式做检索，将会更有效促进学习转化率的提升。

整合包装

最后，开发精品课程不要忽略了课程最后的系统整合和包装。经过多年的实践，目前我们会把课程整理成为完整的五件套，包括：

- **一张课程说明**，提供课程对象说明、课程目标定义以及课程大纲的思维导图，帮助培训师明确培训目标和思路；
- **一套 PPT 课件**，便于课堂中培训师授课展示；
- **一本导师用手册**，详细提供导师的授课指引、时间安排、活动步骤、内容讲授、参考稿件；

- **一本学员用手册**，手册上要留有足够的空间以便学员记笔记，也可以将课程中与工作相关的例子吸收进来，手册就会更有用和有意义；
- **一个授课工具包**，里面会吸收课程中使用的视频、音频、练习纸、案例、工具表等辅助资料。

我们可以把上面的内容总结成一张精品课程检查表（见表 13-1）。现在可以对照这个检查表为自己的课程打个分，相信打分的同时，我们也能找到打造自己精品课程的方向。

表 13-1　精品课程检查表

评估内容	具体描述	满分值	得分
课题选择	• 课题含金量高，符合目前公司业务需求 • 课题能反映业务发展中实际存在的问题	10 分	
课程目标	• 课程目标清晰且有层次，能以业务问题为导向定位知识点 • 能为每个知识点定义学习深度，并能使用表现性目标 • 目标描述聚焦在学员的具体行为上	10 分	
课程结构	• 课程结构清晰、完整、逻辑正确、环环相扣 • 课程结构编排有效突出重点且能帮助有效记忆	10 分	
课程内容	• 课程内容聚焦且重点突出 • 内容精准、精练，数据及术语的运用恰到好处，表述及课件文图无专业性错误 • 内容符合实际情况，提供了有效的方法、表格、话术工具，对实际工作有很强的指导意义 • 课程素材丰富，运用图片、故事、案例、数据、音乐、视频、测试题等多样化的素材 • 素材经过加工包装，能有效辅助学员理解并记忆	40 分	
教学设计	• 有清晰的开场、主体、结尾的教学流程设计 • 教学设计丰富，可以设计多样化的教学方法，以吸引学员的注意力	20 分	

（续）

评估内容	具体描述	满分值	得分
教学设计	• 关注学员参与度，设计学员参与的环节并引导学员持续互动 • 每个知识点都能根据目标设计相应的练习，巩固所学	20分	
课件制作	• 制作完整课件包，包含课程大纲、课件PPT、讲师手册、辅助资料、工具清单	10分	
		总分	

❀ 本章小结

本章我们共同探索了精品课程的内涵，接下来我们将通过以下几个问题，对本章的内容做一次检索：

1. 精品课程的定义是什么？

_____

2. 精品课程开发需要关注哪些因素？

_____

3. 以胜任素质模型为基础开发的课程和以任务目标为导向开发的课程有什么不同？

_____

4. 精品课程开发在内容选择上有哪些原则和要点？

_____

5. 你还记得学习认知的七步之旅吗？说说这七个步骤对于我们的精品课程开发有什么启发？

_____

CHAPTER 14

第 14 章

你可能要了解的几个教学设计模型

💡 思考一下

康德曾经说:"凡是在理论上正确的,在实践上也必定有效。"在开发"精品课程"前,我们需要知道如何通过系统的途径来帮助我们设计高效的、满足业务需求和学员个人需求的课程,这个系统的途径被称为教学设计模型。你知道以下哪个模型是用于课程开发设计的吗?

☐ ADDIE 模型

☐ 库伯学习圈

☐ SAM 模型

☐ 迪克 – 凯瑞模型

以上四个模型中,库伯学习圈是一个学习理论,其余三个模型都是教学设计模型。你答对了吗?

教学设计模型的基础是系统方法。教学设计模型的学习理论、策略和手段,可以帮助我们在开发课程的过程中有方向、有步骤地完成课程的开发设计工作,有效输出知识、技能、经验等,达到理想的学习效果。在这里我们将对 ADDIE 模型、SAM 模型、迪克 – 凯瑞模型做一个介绍,在做课程设计时，我们可以用来参考。当然，在有了一定的课程设计经验后，我们也可以总结自己的经验，创造更简洁、高效的教学设计模型。我们相信这样的创造会不断丰富教学设计的系统理论，为行业发展带来价值和贡献。

　　教学设计模型的源头可以追溯到第二次世界大战中军队始创的一种系统方法，战争过后，军队将系统方法应用于培训材料和培训项目的开发。1973 年，美国国防部委托佛罗里达州立大学的绩效技术中心进行开发程序的改进和军事训练。这些程序演变为一种被美国陆军、海军、空军、海军陆战队广泛采用的模型，这种模型被称为"联合军种教学系统发展模型"。教学系统发展模型包括分析、设计、开发、实施和控制等几个阶段。控制阶段后来被更名为评估，这样也就产生了广为人知的ADDIE[⊖]模型。现在我们使用的很多课程设计模型都是在此基础上做的优化，或多或少都能看到 ADDIE 模型的影子，所以它也是课程设计最经典的模型。

ADDIE 模型

　　ADDIE 模型是课程设计模型中常见的主流模型之一，主要包括：要学什么（学习目标的制定）、如何去学（学习策略的运用）以及如何判断学习者的学习成效（学习评价的实施）。ADDIE 模型的各个阶段如图 14-1 所示。

　　ADDIE 模型的基础是对工作任务和人员所做的科学分析；目标是提高培训效率，确保学员获得工作所需的知识和技能，满足组织发展需求；

　　⊖　即分析（Analysis）、设计（Design）、开发（Develop）、实施（Implement）、
　　　　评估（Evaluate），来自《ASTD 培训经理指南》。

最大的特点是具有系统性和针对性，将以上五个步骤综合起来考虑，避免了培训的片面性，针对培训需求来设计和开发课程，避免了培训的盲目性；质量的保障是对各个环节进行及时有效的评价。

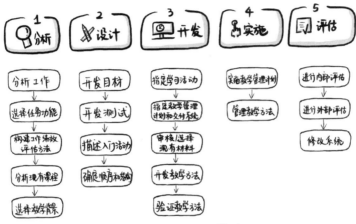

图 14-1　ADDIE 模型

（1）分析。在分析阶段要确定了解到的需求，证明实际的需求及确定差距，通过分析使我们和需求提出方达成共识。分析阶段需要从多种来源收集信息，这些来源包括专业内容专家、最终用户参加的焦点小组、一对一访谈最终用户、访谈管理层、收集材料以及观察等。

（2）设计。设计阶段开始于协议的达成。设计阶段会形成许多基础要素，这些基础要素都会导向第三阶段——开发阶段。

（3）开发。开发阶段的要点在于开发教学材料的方法和流程。在开发阶段中，开发者输出并整合设计阶段构建的内容，然后进行技术的开发及内容输出，再经过测试反馈，进行回顾和修订。

（4）实施。实施阶段的要点在于课程开发实施的程序。在正式实施项目之前，许多课程设计师要进行预测试。讲师对学员进行培训检测，包括全部培训课程、学习成果、实施方式以及测验程序。

（5）评估。评估阶段是整个过程中最能体现培训价值的，同时也是最见功底的步骤。评估阶段包括两个部分：形成性评估以及总结性评估。形成性评估在 ADDIE 流程的每个阶段都要进行，而总结性评估通常在几个项目实施之后进行。

在 ADDIE 模型的五个阶段中，分析与设计是前提，开发与实施是核心，评估是保障，三者互为联系，密不可分。ADDIE 模型是一种合乎逻辑的标准传统教学设计模型。它是一个线性的模型，更多侧重于前期对需求深思熟虑的分析和设计，每个阶段都将在下一阶段开始之前完成，会在充分整合众多的信息来源后再推出精心策划、考虑完善的解决方案。

SAM 模型

SAM（Successive Approximation Model，持续性接近开发模型），它是美国教育心理学博士迈克尔和理查德研发的迭代课程开发设计模型（见图 14-2）。SAM 模型强调把整个课程拆分成碎片，采取简单步骤，通过快速试验的方式明确课程解决方案并证实预期的设计效果，然后通过各阶段的不断循环来持续优化设计，是一个实现课程开发的持续优化与改进的过程。SAM 模型最突出的特点是将评估放置于课程实施之前的设计阶段，学习方案的开发是多方参与、发挥协同优势的团队共同完成的，通过每一步骤的小型迭代，完善每一个步骤，最终开发出接近最佳课程设计标准的课程。SAM 模型将课程开发分为三大阶段、八个步骤、七项小任务。

在准备阶段，我们会进行信息收集，比如，学习对象是谁？他们希望获得哪些方面的提升？在迭代设计阶段，通过项目计划得到初步设计的草案；在迭代开发阶段，针对草案开发试用版本，进入到标准设计，再经过内部评估、外部评估等环节，不断对标准进行反馈优化，开发出更完善的版本，如图 14-3 所示。

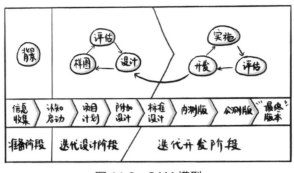

图 14-2　SAM 模型

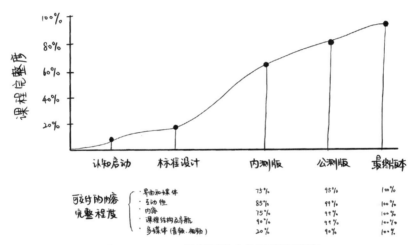

图 14-3　SAM 课程开发中的课程完整度

（1）准备阶段。这个阶段我们收集现成的背景信息，在课程设计开始之前，组织由管理者、培训对象、内部专家（内容专家/技术专家）组成的开发团队开展认知启动会，通过研讨、行动学习、头脑风暴等方式，聚焦于业务绩效目标和业务问题展开讨论，最终由开发团队一起确定培训方案，这样的方式会大大降低课程开发的风险，降低时间成本，流程相对简单，结果产出更高效。

（2）迭代设计阶段。这个阶段将会分为项目计划和附加设计两个步骤。项目计划需要对开发细节做沟通，包括管理成本，以及风险、明细、范围、人员安排等。在附加设计中需要一个更小的设计团队，参考头脑风暴得出的想法进行开发，所有的内容考虑学员的理解程度和教学的需要，并设计初稿进行沟通确认。这一阶段主要是将初始创意进行细化，重宽度轻深度，构建完整解决方案。

（3）迭代开发阶段。这一阶段是将所有课程内容精雕细琢安排的全过程，分为四个步骤：标准设计、内测版（第一次迭代）、公测版（第二次迭代）、最终版本（第三次迭代）。在标准设计中，首先要对上个阶段产生的课程初稿进行评估，通过再次了解"这样做是否可以"，一些隐藏的、不完整的、不准确的信息就会暴露出来。这一步需要最大限度地减少沟通错误，并澄清将进一步开发什么。其余的三次迭代都是使用"实施、评估、开发"的循环，对课程内容进行细化的过程。第一次迭代是整个课程实施的完整版本，包含教学策略和课件 PPT 的设计。第二次迭代是在第一次评估的基础上做的内容修订，这一次我们需要做出一个与第一次不同的方案，并精练内容。这一步相当有挑战，而且看起来好像没什么必要，但如果我们做了的话，会发现这为我们找到一个更优化的方案，这一步的重点在于与第一次的差异设计并精练内容。第三次迭代借鉴前两次开发的经验，如果前两次的评估没有出现自相矛盾的情况，那么对前两次开发的内容做出整合和优化是一种比较好的选择。这一步已经是课程开发的最后阶段，在这个阶段要确保课程体现已经确定的学习目标，做最终版本的交付。

SAM 模型是迭代模型，多次循环。迭代是 SAM 模型的基础，表明每个步骤都要重复和重新审视。SAM 模型如果在后面发生错误或未达到预期，可以直接返回上一步的设计阶段重新迭代测试。

迪克－凯瑞模型

迪克－凯瑞模型（见图 14-4）是用开发者的名字命名的，事实上这

个模型也是以 ADDIE 模型为基础的，它从确定教学目标开始，到终结性
评价结束，组成一个完整的教学系统开发过程，它更适合基于课程建设
的教学设计。

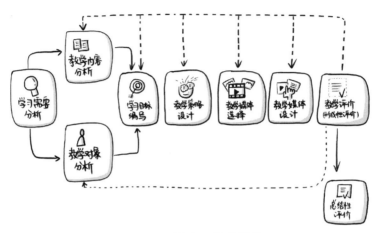

图 14-4　迪克 – 凯瑞模型

迪克 – 凯瑞模型主张在设计和开发教学内容之初就建立对学习目标
的评估，这样才能确保课程先期的学习目标和后期的评估相一致，并能
在开发阶段就保证学习目标的实现 ⊖。迪克 – 凯瑞模型的主要关注点是
"形成性评价"，就是内容和方式形成时的评估。从制作教学材料早期
的一些试讲或者沟通中获取要修订的内容，在培训开发过程中立即得
到受众的反馈，及时做修订，以此来确保教学内容、教学方式不偏离
学习目标。

⊖ 来自《ASTD 培训经理指南》。

❀ 本章小结

本章内容旨在提供给大家一些基本理论的认识，下面我们通过几个小问题回顾本章的主要内容：

1. 你是否可以尝试画出 ADDIE 模型、SAM 模型和迪克－凯瑞模型？

_____

2. 你能总结一下 ADDIE 模型、SAM 模型、迪克－凯瑞模型各自的特点吗？

_____

3. ADDIE 模型和 SAM 模型在课程开发中是常用的两种模型。通过阅读本章内容，你认为这两个模型最大的不同是什么？

_____

4. 如果要选择，你会选择哪种模型作为你开发课程的指引？为什么？

_____

CHAPTER 15
第 15 章

厘清你的课题

💡 思考一下

下面是我们常见的课程主题。你会更关注其中哪一个课题?

☐ 时间管理

☐ 给新任项目经理的三个锦囊

☐ 人生的意义

☐ 人工智能的现状与未来

相信"南辕北辙"的故事大家并不陌生,那个想去楚国的人因为方向错了,就算他马好、钱多、善驾车,也白白浪费了资源,无法抵达目的地。所以说,方向不对,努力白费。

在精品课程开发之初,就需要明确我们的开发方向,厘清课题。这个过程包括:选择有含金量的课题,做好充分的调研,以及明确课程的定位。

选择有含金量的课题

厘清课题的第一个任务就是要选择那些有含金量的课题。上面的课题是非常具有代表性的，包含了一些不合理的课题选择理念，对照看看，我们平时也会遇到吗？

1. 自己不擅长的

这种情况在"命题"课程中比较常见，在指派课题时没有考虑到开发者的优势和擅长之处，开发过程中只能到处搜罗资料，拼拼凑凑，很容易令课程内容空泛、立意老旧，甚至逻辑混乱，言之无物。比如，之前有位学员在课程开发工作坊中拿出的课题是"职场中的压力管理"，事实上他自己深受职场压力的困扰尚不知如何调整，所以这个课题让他一筹莫展，根本不知道从哪里入手。

2. 与工作关联度不大的

这类课题因为忽略了工作现实，在课程开发之初就很难吸引关注。从组织角度出发，这类课题很难体现它的价值。记得在之前的一次课程开发通关评审会上，有一位学员的课题是"虚拟现实技术的应用介绍"，无论从逻辑到内容，还是PPT的设计都非常出色，但是这位学员的直接上司在给出反馈时，问了一句话："你这个课题和我们现在的业务有什么关系？"最终课题未能通过评审。

3. 自己感兴趣的

作为培训师，我们经常需要学习充电，武装自己，遇到感兴趣的话题往往都会有跃跃欲试的冲动，如果只是因为自己感兴趣而开发的课题，很容易变成一个人的狂欢。有一位交通行业的学员因为自己对NLP（自然语言处理）特别感兴趣，听过很多相关课程，也读过很多相关书籍，最后自己整理了一门NLP课程，内容还是非常有料的，但是这样的课程在企业中你能有多少机会分享呢？

所以选题时尽量避开以上三种情况。当然，如果最后一种情况中自己感兴趣的话题恰好与工作高度关联，那这个课题开发起来相信你就会游刃有余。

什么课题才是"高含金量"的课题呢？对于企业而言，能够促进业务成长的课题一定是有价值的。要使课题有含金量，就要以"紧贴业务"需求作为指导思想，能够解决业务的痛点、难点、卡点，能够为业务发展提供新思路、新做法。

我们可以使用下面这个选题分析表（见表 15-1），提前做好选题分析。

表 15-1　选题分析表

最主要的业务领域和方向（组织命题须思考）	
授课对象（部门、岗位、工作经验）	
基于什么现象（问题）而开发这个课程	
想通过这个课程，将以上现象（问题）改善到什么程度	
这些问题中个人主要的经验是什么，有哪些其他人的优秀做法可以借鉴	
课程将主要讲什么内容	
课程计划讲授多长时间	

在选题上需要把握好四个原则：新、实、小、专。可参考如图 15-1 所示的选题矩阵。

新：业务关联度高，有前瞻思维，着眼业务发展新思路、创新做法，比如"如何开展社群营销"，这样的课题要优先选择。

实：就是能实实在在解决现有业务中存在的问题，比如"民用机场不停航施工管理""如何做好项目成本管控"。这里需要明确的是，这类"问题"指的是和人的知识、经验、技能相关的问题，如果是由于制度或生产资源不足等造成的客观问题，是无法通过培训课程来解决的。

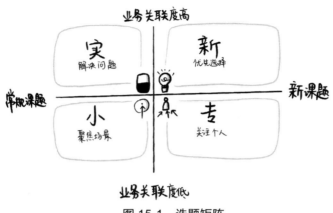

图 15-1　选题矩阵

在实际的课程开发中我们经常会遇到"命题"开发，由需求方或者管理者直接提出要培训的课题，比如业务部门觉得需要提高业务人员的沟通技巧，或是需要培训新的管理制度，这样的课题貌似和业务的直接关联度并不高，那如何体现它的含金量呢？记得学生时代写命题作文，同样的命题，作文内容却千差万别。这与每个人对命题的理解有关，所以要写出高分作文的第一步就是要会"抓题眼"。对命题做分析，明确表意的重心，同时明确限制，确定好选材范围，从而出精品作文的概率就会大大提高。同样，命题课程也需要"抓题眼"，当遇到与业务关联度不高的"命题"开发时，我们就可以使用"小"和"专"这两个原则帮助我们"抓题眼"。

小：就是把一个比较宽泛的课题聚焦到具体的业务场景中，这样做的好处，一是可以提升与业务的关联度，二是不会因为课题太大而无从下手。拿"沟通技巧"这门课来说，这种通用类常规课题通常会显得比较"大"，不容易找到切入点，那么就可以聚焦到具体的业务场景中，比如"项目复盘中的沟通技巧"。当我们聚焦到具体的场景，就找到了课程的切入点，而且明显提高了与业务的关联度。

专：就是专注学员的个人需求。成人的学习很多时候都是以"有用"

作为前提的，如果我们遇到与业务关联度不高，并且内容是学员没有接触过的新内容，像"新管理制度"这个课题，估计很难引起学员的重视，这时候就需要专注在学员个人的需求上，比如"有问有答：新月度绩效管理指南"，同样是制度，后者与个人的关联度提升了，学员觉得对自己有用，对待这个课题的关注度也会提高。

通过以上四个选题原则，我们把主题聚焦到与业务相关的话题上来，选题对了，大方向就没有问题了。如何做出正确的判断，并且界定内容范围？就需要建立在充分的需求调研的基础上了。

充分的需求调研

在开启这个话题前我们先思考一下：在企业培训中，谁会对我们的培训结果做评估？

- 培训经理
- 业务管理者
- 学员
- 培训组织者

相关业务管理者、培训组织者和学员都是我们课程的直接干系人。培训做得好不好？课程有没有价值？他们是最有发言权的，因此，在课程开发前，我们就需要了解从他们的角度是如何定义这个课题的。这一步非常重要且有意义，在调研中我们会了解到管理层对业务的看法，充分理解业务中存在的问题，以及他们对课程的期待，这就为课程内容指明了方向。这个过程也是帮助我们"抓题眼"的一个步骤，尤其是管理层命题的课程。通过调研，我们才能更清楚课程需要聚焦在哪些具体场景或业务问题上，同时对学员在这个课题方向上存在的具体问题也做到了心中有数，因此课程开发中我们就能很好地把握讲什么、不讲什么，哪些内容需要详细深讲、哪些要少讲。除此之外，调研中还可以收集课程可能会用到的一些案例素材，让课程更接地气。很多人在课程开发前并不重视这个步骤，往往凭感觉定内容，课程内容的角度通常从自己出发，换句话说就是"讲自己知道的"，而不是"领导想要的"或者"学员想听的"，这样的课程也很难获得好的反馈。

（1）**调研业务管理者**。对业务管理者调研的目的在于了解业务问题，明确课题方向，同时了解管理者对培训的期待，特别是他将如何评价培训效果，同时还可以争取资源，比如能够提供内容支持的技术专家、有经验的高手等。建议如下：做管理者的调研可以采取一对一访谈的模式，调研过程中注意问题不要太过具体和过于关注细节，重点是要确定课题方向，了解对课程的评价，以帮助我们明确课程最后要达到的业务目的，确保课程"以绩效为导向"。

（2）**调研培训组织者**。培训组织者的工作任务是组织并确保课程的有效实施，所以在调研的时候，需要清楚一些相关的培训组织信息，比如开展培训的原因背景、课程的学习对象、培训的时间与规模、希望达成什么效果、需要做哪些配合等。这些信息越清晰，我们就会对课程的目标越明确，也会提高课程的针对性。

（3）**调研学员**。学员是课程的受众，课程内容中具体的知识点有哪些，详略如何分配，主要取决于受众对这个课题的理解程度，以及他们对这个课题存在的具体问题、困惑，在调研学员时我们就需要把重点放在对这些问题的了解上。做学员调研最好使用小组访谈模式，因为学员个体对课题的理解和问题是个性化的，不一定具有普遍性，所以做小组访谈可以帮助我们了解更多普遍、高频发生的问题，小组成员可以做到相互补充，可以大大提高访谈效率，确保课程开发出来后有广泛的适用性。注意，进行学员访谈的前提是我们的课题方向已经明确了，在明确的课题方向下，从受众角度出发做访谈，我们才能更好地定位课程具体的知识点，确保课程内容和形式的设计是"以学员为中心"的。我们可以参考以下的调研问题（见表 15-2）。

表 15-2　调研问题

调研对象	问题参考
业务管理者	**情况一：未能明确主题，自选题课程** • 我们目前的业务重点有哪些？业务发展的状况如何 • 员工需要提升哪些知识和能力才能够促进业务目标的实现 • 如果需要培训的话，哪些课题要优先安排 • 针对这些课题，你认为员工目前最主要的问题是什么 • 在这方面，有哪些员工的做法是比较值得推荐的 • 培训后，希望员工能做到什么？如何评价培训是否有效 • 对培训课程还有哪些要求和想法 **情况二：有课题大方向，命题课程** • 针对这个课题，你认为员工目前最主要的问题是什么 • 培训后，希望员工能做到什么？如何评价培训是否有效 • 对培训课程还有哪些要求和想法
培训组织者	• 组织这个培训的原因是什么（了解培训的背景信息） • 主要是想针对哪些人做培训（具体了解学员的基础信息，可以参考之前的调研表，请组织者协助发起学员线上调研） • 希望什么时候开始培训？大概需要的时长是多久 • 培训地点要安排在什么地方？培训有多少人参加？希望组织多少场相关学习 • 如何评价学习效果？是否需要做测试考核
学员	• 对这个课程主题，你了解的信息有哪些 • 在实际的这项工作中，最困扰你的问题有哪些 • 过往工作中有哪些困难场景让你印象深刻？当时发生了什么？你是如何做的（收集问题案例） • 对于这项工作，你认为自己还需要补充哪些知识 • 你比较喜欢什么样的学习方式 • 你希望怎么做可以帮助你快速熟练地应用这些知识和技能

完成了课题方向的调研，完成了数据收集和分析，相信我们对课程的整体方向和具体要点已经做到胸有成竹了，接下来需要根据调研的结果对课程进行定位。

GPS 定位系统是我们在生活中常用到的，通过"空间卫星""地面接收站""用户终端"这三个要素，可以定位我们的目的地，并指引我们顺利到达。课程开发同样也有三个要素——对象、宽度、深度来对课程进行定位，这一步是我们课程开发的前置条件，也是课程开发的导航系统，它将指引我们逐步搭建课程结构，并将内容、素材以适合的形式组合起来，实现我们的精品课程开发设计。

（1）**对象**。在课程定位中，如果对象不清楚，内容的走向就会偏移。经常有学员问："一个课程不能有多个学习对象吗？"我们经常会发现某门课程的学员对象定义非常多，比如"数据分析"课程的学员对象是车间管理人员、质量或设备工程师及经常需要分析数据的人；或者是学员对象定义非常笼统，比如"如何通过 RPA 提升工作效率"的学员对象是业务人员。学员对象是有工作层级和任务区分的，不同层级或者不同工作任务的学员对于课程内容的认知需要是不一样的，所以当我们无法给我们的课程对象做出一个"画像"，学员遇到课程中和自己的认知差异比较大或者和自己日常工作不相关的内容时，就容易被搞糊涂了。我们需要给学员做一个"画像"，清晰地定义课程是针对哪些岗位的，该岗位的工作场景是怎样的，这样有助于我们弄清楚具体的学员是谁。

（2）**宽度**。宽度就是指课程内容的知识点数量。知识点的数量是由两个关键要素决定的。前面我们讲过，精品课程首先要从"用以致学"的角度出发，解决业务发展中的问题，提升关键岗位员工业务能力。所以这两个关键要素就是任务和问题，包括：学员的具体工作任务是什么？他们在完成这些任务的时候都会遇到哪些问题和困难？有什么痛点或者难点？……根据访谈结果一一罗列出来，看看哪些是学员普遍存在的问题和困难，哪些问题是迫切需要解决的，哪些是管理者特别关注的。根据管理者的期望，选择需要在课程中解决的问题作为我们的知识点导航。举个例子：

课题：提升安全监察技能

领导期望：通过法定自查，做好安全检查工作，降低事故发生率

对象：安全监察员

工作任务	问题和困难	知识点建议（一级大纲）
制订安全检查计划，完成日常法定安全检查工作，对安全隐患及问题进行沟通纠正	1. 不熟悉检查单内容，检查中不知道观察什么 2. 检查沟通中态度生硬，无法通过沟通发现隐藏的安全问题 3. 不会做检查计划	一、熟悉内容，根据指引进行观察 二、建立和谐关系，有效沟通找问题 三、目标明确，有的放矢做计划

（3）**深度**。这里的深度指的是课程每个知识点需要学员掌握到什么程度，这需要借助"**教学目标分类**"理论。教学目标分类理论是 20 世纪 50 年代以布鲁姆为代表的美国心理学家提出的。在这个理论体系中，布鲁姆等人将教学活动所要实现的整体目标分为认知、动作技能、情感三大领域，并从实现各个领域的最终目标出发，确定了一系列目标序列。

1）**认知学习领域目标分类**。布鲁姆将认知领域的目标分为记忆、理解、应用、分析、评价和创造六个层次。

2）**动作技能学习领域目标分类**。动作技能涉及骨骼和肌肉的运用、发展和协调。在实验课、体育课、职业培训、军事训练等科目中，这通常是主要的教学目标。1956 年布鲁姆等人在创立教育目标分类理论时，仅意识到这一领域的存在，但未能制定出具体的目标体系。后来，辛普森（E.J.Simpson）、哈罗（A.J.Harrow）、基布勒（R.J.Kibler）等人提出

了基于全身运动和细微协调动作的四个层次目标：感知能力、体力、技能动作、有意交流。

3）**情感学习领域目标分类**。情感是人对外界刺激做出的肯定或否定的心理反应，如喜欢、厌恶等。人的情感会影响人做出的行为选择。由于人的情感反应更多地表现为一种内部心理过程，具有一定的内隐性和抽象性，因而这个领域的学习目标难以描述。1964年克拉斯沃尔等人制定了情感领域的教育目标分类，他们依据价值内化的程度，将情感领域的目标分为五级：接受、反应、评价、组织、信奉。情感或态度的教学是一个价值标准不断内化的过程，它的教学不只是政治课或思想品德课的任务，各门学科也都包含这方面的任务，因为任何知识、技能或行为、习惯都不能离开一定的价值标准。

了解了以上的分类，我们知道，日常的课堂培训在定义目标深度时，通常借助布鲁姆在认知领域的教学目标分类模型做定义（见图15-2）。

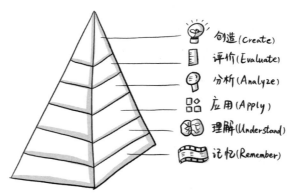

图 15-2   布鲁姆教学目标分类（认知领域）

布鲁姆将认知领域的目标分为记忆、理解、应用、分析、评价和创造六个层次。

记忆：对知识材料的记忆，包括名词、概念、理论、过程、原则、方法等。

理解：把握知识材料的意义，可以通过"转换""解释"的方式来体现。

应用：把学到的知识用于新的情境、解决实际问题，包括对概念、方法、理论等的应用。应用能力是以知道和理解为基础的，是较高水平的理解。

分析：把复杂知识分解为多个部分并理解各个部分之间关系，包括鉴别、部分知识之间关系的分析、认识其中的组织结构。

评价：根据一定的标准做出价值判断。

创造：将所学知识的各部分进行重新组合，形成一个新的知识体系，包括论文写作、项目规划等，做课程设计开发也是一种创造。

我们把知识点的宽度和每个知识点要达到的深度结合起来，形成了这个课程内容定位图，如图 15-3 所示。

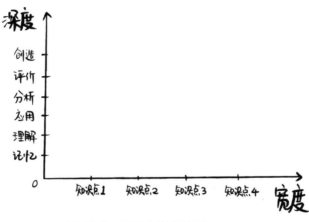

图 15-3　课程内容定位图

通过课程内容定位图我们就可以定位课程内容知识点的宽度和每个知识点相应的深度。根据这个图，我们就可以撰写源于结果的、与业务需求相一致的学习目标了。学习目标是课程设计开发的目的地，常常也会被用来衡量培训课程是否成功。来看看下面这个学习目标的撰写：

课题：新客户开发

对象：电销人员

课程目标：

- 理解自开发的重要性，可以主动自开发
- 运用有效开发渠道，锁定目标客户名单
- 运用客户跟进方法，有效推进客户跟进

这是学习目标，还是学习目的呢？

撰写学习目标，首先要区分什么是"学习目标"，什么是"学习目的"。通常，学习目标或成果描述的是课程结束的时候或培训阶段接近尾声的时候，学员能做什么事情，也就是在课堂上能实现的，并能观察的学员行为。学习目的则是指通过学习，学员在具体的工作任务中表现出的行为或产生的绩效。所以，上面这个例子显然是一个学习目的，而非学习目标。如何撰写学习目标才是科学合理的呢？

以研究行为目标著称的美国学者罗伯特·马杰（Robert Mager）强调应该以具体明确的方式说明学员完成学习任务后能做什么。他提出，一个完整的教学目标应该包括三个要素：行为、条件、程度。在教学实践中，有教学研究者认为有必要在罗伯特·马杰的三要素基础上，加上对教学对象的描述。这样，一个规范的学习目标就包括四个要素，简称ABCD法：

A（Audience）——对象，阐明具体的学习对象，如设计助理。

B（Behavior）——行为，描述学员完成学习后，具体能做什么。这里需注意，这种"行为"要描述成为显而易见的、可以观察并辨识的行为。比如"记忆"这个行为，我们如何观察辨识呢？所以这里需要使用表现性的行为动词来描述，把"记忆"变成"列出"或者"说出"这样的行为动词，我们就知道如何衡量是否达到了学习目标。

C（Condition）——条件，指的是产生上述行为需要具备的条件，包括教学方式、教学材料等，比如"通过小组讨论"或者"阅读流程指引"。

D（Degree）——程度，规定达到上述行为的最低标准，即达到所要求行为的程度，比如"列出四种方法""说出五个要素"。

使用ABCD法，可引导我们撰写出规范、科学的学习目标。事实上，平时我们的课程目标描述也可以做适当的简化，但无论怎么简化，我们都必须清楚地知道课程结束后，学员需要达到什么样的行为标准，所以在我们撰写的目标中，至少要有对行为的描述。我们可以利用布鲁姆目标分类动词表（见表 15-3），定义目标中的表现性行为。

表 15-3　布鲁姆目标分类动词表

学习目标层次	可参考的动词选择
记忆	复述、陈述、描述、说明、列出、写下、找出、选择、认出、标明、告诉
理解	解释、举例、分类、比较、分辨、概括、提炼、总结、配对、重述、关联
应用	实施、执行、使用、修改、调整、收集、分类、建模、制造、汇报、完成、检查、选择、解决、构建
分析	辨别、区分、判断、分析、检验、调查、比较、对比、细分、推理、分开
评价	检查、评判、检讨、反馈、鉴定、批判、权衡、证明、辩论、研讨、定量、决定、挑选
创造	设计、开发、构思、计划、制定、创作、改革、整合、优化、建议、规划、预测

以上的例子我们可以根据这个方法做个修改：

课题：新客户开发

对象：电销人员

课程目标：

- 理解自开发的重要性，认同新客开发的价值

- 描述出有效开发渠道，练习中能选择一两种合适的开发渠道
- 能使用客户锁定工具，在练习中列出客户跟进名单
- 陈述客户跟进方法，练习中至少能用两种方式推进客户跟进

你也可以拿出一个你的课程来，根据以上的方法和工具，做一次课程目标定位和定义的练习。

❀ 本章小结

这一章内容是精品课程开发的"导航仪"，我们需要精准定位才能为课程把握方向，通过以下问题我们再次回顾：

1. 什么样的课题才是具备"高含金量"的精品课程课题？

_____

2. 选择"高含金量"的课题，我们需要重点把握的四个原则是什么？

_____

3. 课程定位的三个要素是什么？

_____

4. 如果是通用课程，培训对象可以丰富一点吗？

_____

5. 如何界定课程内容范围（内容宽度)?

_____

6. 布鲁姆在认知领域的教学目标分类分为几个层次，分别是什么？

_____

CHAPTER 16
第 16 章

快速成型，搭建清晰有效的课程结构

💡 思考一下

有了一个明确的待开发课题后，接下来最重要的任务就是构建课程结构。对你来说，下列哪种情况更符合你的现状？请给自己目前的状况做一个初步的评估。

☐ 完全没有思路，感觉很难，以前在开发课程和写各种工作材料的时候也没有专门做过这项工作，都是想到哪里就写到哪里

☐ 课程开发时有意识构建课程大纲，但是不知道从何入手，感觉想讲的内容很多，就是不知道如何把这些知识点很好地串到一起

☐ 学过一些相关的知识，也有一定的经验，但是感觉搭建出来的大纲中规中矩，没什么特色

☐ 能够很快速地构建一门自己擅长领域、擅长专业的课程的大纲，并符合课题和学员需要

☐ 我已经掌握了课程大纲构建的底层逻辑，随便给我一门课，我就能看出这门课程的结构有什么问题，并能够提出建设性的指导意见

结构对一门课程有多大价值？

邀请你体验一个记忆力的小试验，下面会分别展示两组扑克牌，认真观察 5 秒，看看你能记住几张牌。测试时，请自己在心里默数 5 秒。

第一轮测试：第一组扑克牌（见图 16-1）。

图 16-1　扑克牌组合 1

请把你记住的扑克牌写在一张纸上。

第二轮测试：第二组扑克牌（见图 16-2）。

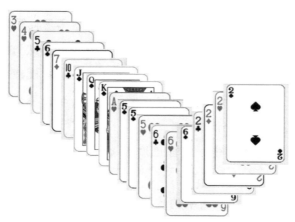

图 16-2　扑克牌组合 2

经历了无数次课堂试验，我们发现测试的结果出奇地一致，在不需要记住花色的情况下，第一组扑克牌被记住的数量平均值在 5~9 个，而第二组扑克牌被记住的数量平均值在 15 个左右，而且很多人记住了全部。同样的数量、同样的时间，是什么影响了人们的记忆力？我们不难得出一个结论：大脑对于记忆的偏好是结构化、逻辑化的。之所以第一次记住的数量有限，是因为人们短期记忆的极限值是 7 ± 2[⊖]，意思是，就算成年人集中注意力，在短时间内能够记住的信息也是有限的，极限值在 5 个单位到 9 个单位之间。第二组扑克牌重新排列了扑克牌的顺序且有了规律，虽然数量远远超出成年人的短期记忆极限，但是规律迅速被大脑识别，并进行分组记忆，于是会有更多的牌被记住。扑克牌之间的排列顺序、摆放位置和分组，其实就是结构。所以我们理解的结构，就是组成系统的内部元素与元素之间的排列、组合，结构表达的是彼此之间的关系，所有元素组合在一起，就形成了一个系统的基本框架。一个人的结构化能力，也是可以通过训练不断提升的。这一记忆现象很有力地印证了清晰的逻辑对一门课程的重要性。课程中通常都会有很多知识点，如果像第一组牌一样，毫无规律地、零散地摆放，课程结束后学员能够记住的数量有限。而记忆是应用的前提，因此记忆不佳会直接影响教学效果，学员学过之后大脑也如糨糊一般。当课程清晰化、结构化后，就如一张清晰的导航图，能够顺利地引导学员的思路顺着地图指引的方向前行，推动教学效果的达成。所以，清晰的逻辑结构有助于学员记忆。

作为培训师或一名在职员工，当开发课程或者写各种汇报材料的时候，你是否遇到过以下困惑？可以在下面符合你想法的选项上打钩：

- 大脑里千头万绪，想说的内容很多，但是如一团乱麻，不知道该从何写起。

⊖ 取自美国著名心理学家乔治·A. 米勒 1956 年发表于《心理学评论》中的一篇文章：《神奇的数字 7 ± 2：人类信息加工能力的某些局限》。

- 写大纲的时候发现什么都想写，到底哪个先写哪个后写拿不定主意。
- 做课件、做材料的时候，想一页做一页，做每一页都感觉特别艰难。
- 做完的课件或材料，在自己脑中没有一张完整的全景图，总体的框架和重点自己也说不全。

如果你有以上困惑，请不要担心，这属于正常现象。大量的项目经验证明，在开发课程或写材料的时候，快速有效地搭建清晰的框架结构是大多数职场人的难点和卡点。那么有没有简单易行的方法和可以遵循的规律呢？下文将带你走进结构的世界。

结构的层次

中国当代作家王安忆说："逻辑自有其形象感，就看你如何认识和呈现。"一门课程的形象如图 16-3 所示。

除了开场和结尾，中间的部分由几个模块构成。开场和结尾通常由教学活动构

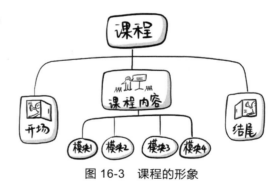

图 16-3　课程的形象

成，没有实质内容，我们在本章中暂不探讨。模块 1、2、3、4 之间，需要由清晰的逻辑主线串联起来。为了更好地搭建课程的结构，下面我们将把课程结构分层展示，如图 16-4 所示。

首先，每门课程都由几大模块构成，这几个模块被称为课程的一级大纲；每个模块里介绍几个知识点，这就是二级大纲；每个知识点需要

展开讲解的几个要点，这就是三级大纲。一般来说，一级和二级大纲的
目的是把课题进行有逻辑的拆分，拆分成具体的知识点，而三级大纲的
核心目的是对每一个知识点做具体的讲解，这时候会涉及有价值的干货
以及课程的核心要点。通常一门半天之内的课程，知识点展开到三级大
纲即可，如果还能展开到四级大纲，可能说明该模块的话题有些大，或
课程选题颗粒度较大。课程结构逻辑化、清晰化的要求，是指每一个层
级的大纲之间，要使用同一种逻辑，符合结构性思维。比如，模块与模
块之间，逻辑要清晰；每个模块中的几个知识点之间能看出清晰的逻辑
主线，但不同模块中的知识点之间不需要保持相同的逻辑，因为每个模
块都是一个相对独立的整体。学习本章的目的，就是掌握最基本的规律，
遇到任何话题，都能够快速搭建课程的一级和二级大纲。

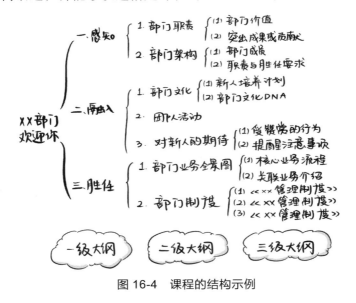

图 16-4　课程的结构示例

快捷高效的万能结构：WWH

WWH 指的是 Why、What、How，即为什么、是什么、怎么做。

先来感受一个小案例：

假如目前你是一个机场的地勤部员工，你要面向新入职的员工开发一门"投诉处理"的课程，希望帮助他们掌握投诉处理的基本流程。你将如何构建课程的一级大纲？可以试一试把自己的答案简单地写在纸上，然后再继续阅读。

小试牛刀之后，体会下面最简单的一级大纲构建方法：

第一模块：投诉处理的重要性

第二模块：正确认识投诉

第三模块：投诉处理的基本流程

其中，第一模块，介绍的是"投诉处理"这个话题的重要性，让学员充分重视属于"为什么"的部分。第二模块，介绍和投诉有关的一些基本概念、基础知识，属于"是什么"的部分，让学员对投诉这件事情先有一些基本的了解。第三模块，介绍的是如何处理投诉的过程、核心动作，属于"怎么做"的部分。因此，本案例就是用 WWH 结构构建的一级大纲。

展开 WWH，巧思二级大纲

一级大纲有了，把 WWH 展开介绍，就顺理成章地得到了二级大纲。

◎ 思考题 1

大家一起来做一个归类的小活动，请判断下列哪些话题属于 Why，哪些话题属于 What，哪些话题属于 How：

（1）沟通的三个技巧。

（2）倾听的五个层次。

（3）对话和沟通的区别。

（4）沟通的三大基本原则。

（5）有效沟通的重要性。

（6）跨部门沟通的现状。

（7）什么是沟通。

（8）如何找到和陌生客户沟通的话题。

（9）提问的五大雷区。

（10）有效沟通的标准。

（11）保持同理心的重要意义。

（12）倾听五大核心动作要领。

Why：“为什么”，指的是重要性、价值、意义。一门课程的开篇为什么要先介绍重要性呢？美国成人教育学家马尔科姆·诺尔斯（Malcolm S. Knowles）在其提出的“成人教育学”理论中提到“Adults need to know why they need to learn something.”，即成人需要知道他们为什么要学习一些东西，也就是学习的功利性，或者称为明确的目的性。成人只有在认识到当前话题能够为自己带来的巨大价值后，才愿意在接下来的课程中投入更多的精力。“重要性”在展开的时候，如果只有一点，说明你对该事物的理解太肤浅；如果展开得太多，多余的信息反而会被人们忽视，甚至连前面的信息也全部被忘记。“3”是一个神奇的数字，像三角形一样，结构稳定，所以凡事展开三点最佳。需要注意的是，只要有展开就要有逻辑。比如要表达家庭资产配置的三个重要性，逻辑关系可以是并列的，可以是递进的，可以是有时间顺序的，还可以从微观到宏观，从整体到局部等。

What：“是什么”，指的是基础知识，包括概念、分类、主要内容、特点、优劣势、基本原则、公司要求等。这个部分的目的是向学员普及和本课题有关的所有基础知识，让学员对即将研究的话题有基本的理解，这样才能从"知道"走向"做到"。所以展开二级大纲的时候，我们可以根据学员的需求和特点，就当前话题中涉及的基础知识进行有选择性的展开。

How："怎么做"，指的是做一件事情的具体步骤、技巧、动作要领、关键要点、常见问题与解决方法、注意事项、雷区等。这个部分是课程的重点，也是学员最关心的部分，所以需要多花一些笔墨描述。

大部分课题都可以套用 WWH 结构来完成一级和二级大纲的构建，因此，这种结构被称为万能结构。

运用万能结构，体验下面的思考题。

@ 思考题 2

假如你是一个金融公司总部数据部门的数据分析师，你要给各分公司的数据专员讲授"数据分析"这门课，他们在数据分析方面除了日常的工作接触，没有经过专门的训练，基本处于零基础的状态，请你尝试用 WWH 结构构建课程的一级和二级大纲。

先讲 Why 还是先讲 What

Why 和 What 一定先讲 Why 吗？下面有三种描述，你更倾向于哪一种答案？

- 先讲 Why，因为如果人们不知道将要学习的课题有什么价值，有可能不会认真对待，比如，一定要先讲沟通的重要性
- 先讲 What，因为人们首先要知道该课题的基础概念，才能听得懂为什么要学习这门课，比如，一定要先介绍 ChatGPT 是什么，再介绍 ChatGPT 应用的重要性
- 以上说法都不绝对。具体问题具体分析，课题不同，顺序会不同

显而易见，第三种说法是对的，关键问题在于哪些话题情况特殊。

假设我们要开发一门面向普通用户的课程"个人养老金账户，让自己老有所依"，初步的大纲如下。

第一模块：为什么要开设个人养老金账户

1. 什么是个人养老金账户

2. 个人养老金账户的诞生背景

3. 开设个人养老金账户的必要性

（1）是未来发展的大势所趋

（2）节省个人所得税

（3）分散投资，让家庭财富配置更科学

第二模块：深入理解个人养老金账户

1. 个人养老金账户和社会保险养老金账户的区别

2. 个人养老金账户的基本特点

3. 个人养老金账户的适合人群

第三模块：如何开设个人养老金账户

1. 选择购买机构

2. 准备开户资料

3. 选择缴费方式

本案例中，第一模块"什么是个人养老金账户""个人养老金账户的诞生背景"这两个知识点属于 What（是什么），而不属于 Why（为什么）。所以，当目标学员对一个话题有基本的理解和共识时，可以先介绍目的、意义、重要性。但是，当待开发的课题对于目标学员来说是新事物、新科技、新技术、新概念时，一级大纲顺序可以不变，还是 Why, What, How，但是在二级大纲中，"概念"和"诞生背景"这两个子话题，可以参考上述案例，放到第一模块中，在讲"意义"之前先行介绍，其余的基本信息，依然可以放在第二模块介绍。正如前文所说，"What"可以包含概念、产生背景、分类、主要内容、特点、优劣势、原则、现状、公司要求等诸多基础信息。课题需要时，可以有选择地把概念和产生背景剥离开，成为第一模块的二级大纲。

按照万能结构，课程只有三章？

如前文所述，万能结构的展开很简单，可问题是，很多课程都不局限于三个部分，这是否打破了万能结构的规律呢？在答案揭晓之前，先感受案例。

请仔细分析下面两个课程的大纲有什么共同点和不同点：

课程一："奶牛的养殖管理"

第一模块：奶牛养殖的价值和意义

1. 中国奶牛的产地与分布

2. 奶牛养殖的现状与发展趋势

3. 奶牛养殖的重要价值

第二模块：奶牛的品种与特点

1. ×× 品种

2. ×× 品种

3. ×× 品种

第三模块：奶牛的生活习性

第四模块：奶牛的生长阶段与成长特点

1. 哺乳期犊牛

2. 断奶期犊牛

3. 小育成牛

4. 大育成牛

5. 妊娠前期青年母牛

6. 妊娠后期青年母牛

7. 成年母牛

第五模块：奶牛的饲养管理

1. 泌乳期分段饲养的技术要点

2. 常见问题与解决

3. 奶牛的预防保健

课程二："投诉处理"

第一模块：投诉处理的重要性

第二模块：正确认识投诉

第三模块：投诉处理的基本流程

1. 接收投诉

2. 调查原因

3. 协商解决

第四模块：投诉处理技巧

技巧 1：先处理心情再处理事情

技巧 2：表达真诚的服务意愿

技巧 3：快刀斩乱麻

尝试把答案写到下面的表格中，然后继续阅读。

课程	共同点	不同点
奶牛的养殖管理		
投诉处理		

案例分析：

共同点：第一，两门课程都不止三个模块；第二，一级大纲顺序还是 Why、What、How。

不同点："奶牛的养殖管理"的第二、第三、第四模块都是基础知识，属于"What"的范畴；第五模块奶牛的饲养管理才是"怎么做"，属于"How"的范畴。"投诉管理"的第三、第四模块都是和"怎么做"有关的，属于"How"的范畴。也就是说，第一门课程有多个模块在讲"What"，第二门课程就有多个模块在讲"How"。

综上，WWH指的是事物的表达顺序，不局限于三章，根据课程主题，我们可以灵活地对What和How的部分进行拆分。为什么不拆分Why？因为"重要性"并不是课程重点，通常不会有更深层次的展开。那种需要展开的单纯的态度类课程在企业中比较少见，本章不做深入探讨。而What和How，都有可能成为课程的重点。所以"灵活性"体现在以下两种情况：第一，如果课程本身偏知识类，比如产品知识、技术知识、规章制度等话题，What部分的占比就会比较多，这时可以将What拆分成多个模块；第二，如果课程本身偏技能技巧类，工作中大部分课程都属于这一类，课程的重点是让学员掌握做事的方法、技巧，How是课程的重点，比重偏多，那就可以将How拆分成多个模块。那么，哪些情况建议拆分？基本的判断标准是：尽量保持课程几大模块间的均衡。如果Why的部分需要5页PPT，What部分需要5页PPT，How的部分需要60页PPT，很显然这门课程头轻脚重，属于严重畸形。所以，模块间是否均衡是判定模块是否需要拆分的重要衡量标准。

1. 拆分三部曲

当我们拿到一个待开发课题时，如果需要拆分How的部分，你可以尝试按照下面的三个步骤梳理拆分思路。以"投诉处理"课程为例。

第一步：识别课程标题的关键词。"投诉处理"的关键词有"投诉""处理"和"客户"，客户属于隐藏的关键词，属于投诉的主体，需要被识别到。

第二步：明确关键词间的关系。在一个技能技巧类的课题中，主要有三种关系：核心动作、动作的宾语（业务本身）、动作的服务对象。该案例中，核心动作是"处理"，动作的宾语是投诉，动作的服务对象是"客户"。

第三步：进行拆分。技能技巧类课程，拆分的优先级依次为核心动作、动作服务的对象、动作的宾语（业务本身）。

- 拆分核心动作：因为动作就是处理的过程，一般都是有流程、有先后步骤的，或者需要完成一些核心工作任务，如"投诉处理"要优先拆分"处理"，得到的是投诉处理的流程。
- 拆分服务对象：意味着不同的服务对象，核心动作的技巧和要点区别比较大。如"投诉处理"的服务对象是客户，拆分后的结果是针对不同类型客户的投诉处理技巧。
- 拆分业务：业务本身也可能因为其复杂性而导致处理方式的不同。比如"投诉处理"中，投诉按照严重程度可以分为重大投诉、一般投诉和轻微投诉，这样拆分意味着不同级别的投诉处理的过程有很大差异。投诉按照规模可以分为群体投诉和个体投诉，两者的处理流程也不同。投诉按照接收方式可以分为电话投诉、线上投诉、邮件投诉、上门投诉等。

第四步：综合判断。针对技能技巧类课程，优先考虑的顺序属于一般性规律，遇到特殊情况时要具体问题具体分析。到底哪种拆分方法相对科学？这要回归到拆分的初衷。课题拆分的核心目的是将大话题化成小话题，让内容得到充分的展开。说得更直白一些，如果拆分之后，各子话题间存在相同、相近、重复之处，说明拆分方法欠妥。举个例子，"客户开发"这个课程，如果选择将客户按行业进行划分并分别介绍，说明不同行业的客户需求有明显的不一致且打单方法也大有不同；可是，如果划分行业之后，开发步骤基本一致，只是在某一个步骤的处理上需要关注到不同行业的区别，那么按流程的思路拆分优于按行业的思路拆分。所以，到底用哪种拆分方法，需要根据该课题所涉及的具体业务情况做出精准判断。

@ **思考题 3**

尝试将下列课题，按照上述四个步骤进行练习，找到拆分对象，并找到拆分思路。

课程名称	关键词	关键词关系	优先级拆分思路	综合判断
维护高净值人士（举例）	维护 高净值人士	核心动作：维护 服务对象：高净值人士	1. 维护的流程、核心动作 2. 高净值人士分类	维护的流程
高效演讲的技巧				
人脸识别闸机的维护				
活动策划				

2. 拆分的一般规律：4W 拆分法

以上四个拆分步骤，最关键的一步就是第三步：拆分。拆分是否也有规律可循呢？中国有句古话："隔行如隔山，隔行不隔理。"说明万事万物都是相通的，都是有密切链接的，跨界的规律也是可以拿来主义的。小学时学习写记叙文印象最深刻的知识点就是：时间（When）、地点（Where）、人物（Who）、事件（What）。所以，What 和 How 的拆分，可以引用以上四个 W，简称 4W 拆分法，即将一个话题分别从时间（When）、地点 / 渠道（Where）、对象（Who）、内容 / 分类（What）四个维度来考虑。比如，"家庭心理教育"可以按人的生长周期（When）拆分成：婴儿期心理教育、幼儿期心理教育、少年期心理教育、青春期心理教育。"投诉处理"可以按照客户所在的行业类型（What）拆分成：处理好互联网行业的客户投诉、处理好政府客户的投诉、处理好快速消费品业的客户投诉等。"某品牌运动鞋介绍"可以按照鞋的分类（What）拆分成跑鞋系列、休闲鞋系列、篮球鞋系列。"精准投标"可以按照投标的先后步骤、流程（When）拆分成：细致沟通、精心筹划、全面准备、激情讲标四个模块。

思考题 4

下列关于"客户开发"这个课题的拆分，分别使用的是哪一种拆分思路？

（1）国内客户开发、东南亚客户开发、欧洲客户开发、美国客户开发。

（2）年初打单技巧、年中打单技巧、年底打单技巧。

（3）战略客户开发技巧、一般规模客户开发技巧、小规模客户开发技巧。

（4）驾驭型客户开发技巧、表现型客户开发技巧、关系型客户开发技巧、思考型客户开发技巧。

（5）需求调研、介绍产品、异议处理、合同签订。

有拆必有合

前面提过，拆分的目的是保持模块间的均衡。企业中大量的待开发课题属于技巧技能类课程，How 被拆分之后，前面 Why 和 What 的部分，如果内容较少，建议进行合并。合并之后，通常课程就分为 1+N 个部分。前面的 1 是课程的导入篇，将一门课程的重要性和基础概念全部介绍完，分成 N 个模块来重点介绍 How。举一个例子："投诉处理"这门课程，可以这样来进行结构搭建。

导入篇　重新看待投诉

第一章　接收投诉

第二章　调查原因

第三章　协商解决

第四章　跟进总结

这种结构搭建的方法，就是把 WWH 结构进行了充分灵活的运用，重点强调了整个业务的处理流程。

✿ 本章小结

本章介绍了一种万能结构搭建方法：WWH 结构。大家需要掌握关于 WWH 结构的以下五个重点：

1. WWH 分别指的是什么意思？

_____

2. WWH 分别包含哪些具体内容？

_____

3. 什么情况下需要将概念前置讲解？

_____

4. WWH 结构指的是否就是 Why、What、How 三个章节？

_____

5. 需要对技能技巧类课程做拆分时，拆分的四个步骤是什么？

《道德经》中说："道生一，一生二，二生三，三生万物。"大道至简，本章虽然只介绍了一种课程结构的搭建规律，但是这个规律就相当于"道"，可以衍生出无数种灵活的结构。希望各位读者举一反三，成为结构搭建的高手。

CHAPTER 17
第 17 章

组织有血、有肉、有灵魂的内容

💡 思考一下

在你有了一个有价值且是你擅长的课题，组织和搭建好了课程的框架后，你就会开始思考：我如何组织内容呢？我们先从学员的角度思考好的课程内容包括哪些模块。请你勾选符合你期待的课程内容。

☐ 能给到一些有用的工具、方法、模型，帮助我应用在工作中解决问题

☐ 培训师能总结出一些通用的规律，让我可以遵循规律摸索成长

☐ 有一些底层逻辑和观点理念的阐述，帮助我做更深的思考

☐ 能有案例和故事，方便我理解内容

☐ 风趣幽默有段子，好玩就行

☐ 其他想法：＿＿＿＿＿＿＿＿＿＿＿＿＿＿＿＿＿＿＿＿＿

关于课程的内容，如果用一句话总结，你更认同下列哪个描述？

☐ 内容为王，逻辑清晰，有干货就可以

☐ 形式要生动有趣，要有案例和教学策略，打造快乐体验

☐ 能围绕学员的工作任务痛点，呈现知识体系，有观点理念，有工

　　具方法，也有案例和教学策略，才是完整的培训课程

□ 培训课程就是把现场带教的内容搬到课堂上

组织好课程内容的标准

当课程结构搭建完成时，如何填充内容便是接下来我们要思考的重点了。如何对特定模块的内容延展开来呈现？不能太"干"（通常指课程内容枯燥乏味，对学员没有吸引力），也不能太"水"（通常指课程形式活泼，生动有趣，却没有实质性内容，学员听完学完没有收获，也无法指导工作）。

我们说好的培训师，如同学员思路的导游，让学员带着问题和疑惑进来，收获方法和技巧回去，重点是能够在真实的业务场景中运用培训师给到的方法和技巧，解答困惑，解决问题。

那么我们还是以学员为中心，用学员的视角来看，好的内容应该包括哪些方面。

1. 言之有物

一个相对完整的课程模块结束，学员清楚地知道你想说什么，培训师有明确的观点和理念，在思维层面上站得住脚，学员能认同，觉得有道理。

2. 言之有用

通常培训师的观点和理念，学员认同了，理解了，但并不一定觉得有用，比如培训师说有效的沟通应该围绕共同的目标，要换位思考。好像说的有道理，可是不知道怎么用，这就是我们常说的"正确的废话"，道理都对，却不能指导工作、解决问题。怎么办呢？答案是给方法，给工具，用方法指导行为，用工具规范行为，这便让学员感受到"有用"

了。比如在沟通的 DESC 模型中，D 代表描述事实，E 代表表达感受，S 代表探寻解决方案，C 代表达成有利结果。这便是沟通的四步方法。有了这四步方法，我们在沟通中就有了步骤和方向，按照流程做完就会有用。

3. 言之有理

观点理念有了，指导规范行为的方法工具也有了，是不是培训就完成了呢？我们一定听过类似这样的培训：把观点理念表达出来，比如有效沟通应该围绕共同目标，要换位思考，然后把自己提炼出来的方法流程工具模型，也就是 DESC 念了一遍，解释了一遍，课程就算交付完成了。这样的培训课程，学员的感受也就是"嗯，好的，是的"。然而回到工作中，他们并不会有所行动，可能离开课堂就全然忘记了，因为他们心里没有触动，没有产生"深深的认同"。学员会觉得很"干"，这里的"干"是指没有任何教学策略设计，只是把干货内容讲解出来，导致学员的内心没有体验，依然不会在工作中运用，这就是为什么我们常说"我听过很多道理，却过不好我的人生"。

要促进人发生从认知的改变到行为的改变，还需要一步，就是内心有体验，也就是大脑有触动，让大脑经历那种"被电到"的感觉。当我们有所顿悟、获得一个新知洞见、突破了原有认知，我们就有了"A-HA"（豁然开朗）的感觉，那一刻，大脑会分泌多巴胺作为奖赏，那种感觉很快乐。所以，我们不仅要把观点理念给到学员，也要教会大家行动的方法工具。更重要的是，我们要设计教学策略，通过案例、故事、游戏互动等方式，让学员有体验，能理解方法工具的应用场景和操作要领，并且发自内心地理解认同，愿意在行为上做出改变。这样的培训才有意义。

我们继续以 DESC 模型为例，模型呈现出来，会中文的人都知道是什么意思，不需要培训师做出解释，但是培训师需要通过教学策略的设计让学员有体验和感受，从而发自内心地理解这个模型的价值和意义以及运用技巧。比如，培训师举例子：老公工作特别忙，尤其是最近，每天都要加班到很晚，周末也几乎不在家，老婆每天又要工作又要照顾家庭，就会特别辛苦。这一天，老公加班到晚上 11 点，推开家门，老婆坐在客厅沙发上，阴沉着脸，质问老公："你还知道回来啊？你是把家当旅馆了吧？你干脆住在外面得了，凌晨到家，孩子都睡了，再这样下去孩子怕是都不认识你了……"这时候，老公明显能听出老婆语气中的指责和抱怨，老公也很委屈，于是回答："我每天工作加班压力也很大，我图什么呀，还不是为了这个家吗？……"于是，后半段发生了什么，我们就可以脑补出来了。

如果案例中的妻子能够运用 DESC 模型进行沟通，可能结果就会完全不同，我们再看妻子会怎么说："（D 描述事实）老公，你已经连续 1 个月，每天都是晚上 10 点以后回来，你回来，孩子都睡了。（E 表达感受）我感到有些伤心难过，孩子也会有些失落。（S 寻求解决方案）你看能不能这样，你每个星期有两天早点回来，陪我和孩子吃个晚饭，或者睡觉前陪孩子做个游戏看会书。（C 达成有利结果）我想这样，一方面家里也热闹温馨，你也可以适当放松，另一方面也不耽误你的工作，这样可以吗？"我想如果妻子用这样的方式和老公沟通，会更容易获得理解，老公也更知道应该怎么做且愿意做。

通过这样的对比案例，让学员知道你教的工具模型在真实的场景中如何应用，学员会有体会，内心会产生深深的认同，并且理解工具的具体应用。

所以，好的培训课程需要做到在思维层面上有清晰的观点和理念，即言之有物；在行为层面上要有方法、工具、模型、流程，即言之有用；在理解层面上有案例说明，促进学员对工具方法的理解，有教学策略辅助证明工具方法的价值意义，即言之有理。

接下来，我们具体说说如何让培训课程具备三层内容。

思维层面：言之有物，给观点理念

好的观点理念应该符合三个特点：第一是清晰简明；第二是新颖独特；第三是关联问题。

1. 清晰简明

我们对比一下这三个观点理念，请你从学员的视角出发，如果培训师在课堂上试图这样传递观点，你的感受和收获是什么？

第一个，时间管理不是管理时间，而是对人进行管理，让人在恰当的时间做恰当的事情，还要用最高的效率，达成最优的效果。

第二个，时间管理是一连串高效的行动组合，对任务和时间进行优先级排序和管控，从而达到提升效率的目的。

第三个，时间管理本质上是对自我任务效能的管理。

我相信你会毫不犹豫地说，你选择第三个，虽然意思表达是一样的，但是第一个和第二个太绕了，需要学员专心注意、仔细思考，太费脑子，学员很容易就开小差了，跟不上。所以，培训师要注意，能用简单语言解释清楚的就不要用专业术语，能用15个字说明白的，就不要用4句话。

观点需要精准提炼，需要你有力地讲出来，在 PPT 里醒目地呈现出来，课程结束之后，如果学员只能记住一句话，他应该是深深地记住你的观点或理念，然后在工作场景中逐渐去体会和感受你教的工具模型，他会想到你给出的案例，最后更深刻、更准确地理解你的观点和理念。

2. 新颖独特

人类大脑天生对新颖独特的东西会产生兴趣和注意，对平淡的、熟悉的信息会自动忽视。再给你三个观点，你感受一下，作为学员，你会对哪个更感兴趣，更有好奇心，更愿意倾听和学习。

第一个，换位思考是高效沟通的前提。

第二个，每个人的经历不同、动机不同，喜好与价值观也不同，要从他人角度思考，满足他人需要，才能真正做到有效沟通。

第三个，己所不欲，可以施于人，己所欲之，未必适于人。

我相信多数人会选择第三个，因为它成功地勾起了你的兴趣。在一群男性中间，赫然坐着一位女性，你能在 3 秒钟之内关注到她；每天走的街道旁那栋白色的大楼突然变成了红色，你一定会留意到；当我们的观点和理念是大家日常就已经熟悉和理解的概念时，大脑就会默认这个信息不重要，这个观点我知道，这还需要我坐这里听你说吗……

所以你的观点和理念，能不能突破我们的常规认知，能不能给到我们不一样的启发和洞见，这很重要。大脑对于不一样的、非常规的、突破认知的事物，都会自动自发地分配更多注意力。当然，这个新颖独特的观点理念，必须是真实的，不是为了博人眼球、哗众取宠而编制的毫无用处的一句话。它必须能够指导学员的工作，必须有工具、模型、方法，帮助解决学员业务场景中的真实问题，唯有如此，这个观点模型才是一个有意义的洞见。

3. 关联问题

我们说成人学习是问题导向型的，出现一个问题后，我们为了解决这个问题，便产生了学习的欲望。当我们想达成一个目标，又存在现实的困难和挑战时，如果培训师给到的观点和理念能够帮助我们解决问题，达成目标，我们就有学习意愿。

所以，培训师的观点，尽管清晰简明，尽管新颖独特，但如果与学员的工作生活不相关，依然是无效的。

综上所述，好的课程能让学员记住一个言之有物的观点或理念，且符合清晰简明的原则并与学员的问题相关联。

行为层面：言之有用，有工具方法

核心需要做到三点：第一，工具方法是可复制、可操作的行动组合，而非通用的道理；第二，工具方法是有价值有重点的关键动作或技巧，而非尽知的环节说明；第三，工具方法是有提炼、有总结、好记忆、能理解的口诀或者模型。

（1）工具方法是可以复制和操作的。它是学员能够学得会且用得上的行动组合，是为了帮助学员在真实的业务场景中贯彻培训师说的观点理念，是为了指导行为、解决问题、提升绩效的。

举个例子，关于建立客户信任，培训师给到的工具方法是：有耐心；会关心；诚实可信。这个算不算行为层面的工具方法呢？我认为这不算，因为"耐心""关心""诚实可信"都属于通用的道理，在与客户接触、沟通、谈判的过程中，我们依然不知道该怎么做，无法直接指导行为。我们可以尝试把道理翻译成行为层面的工具方法，比如：善记录，每次见客户都带本子和笔，用于记录客户提到的问题、要求和顾虑，并在下次沟通中给予回应；抓痛点，留心客户公司以及客户本人正在面临的问题和挑战，比如宏观政策、行业发展动态、竞争情况、发展瓶颈，以及客户本人面临的绩效压力、团队发展现状、职业发展等，能够帮助客户提供价值是合作的基础；亮原则，在合作过程中亮明原则和底线，建立清晰的边界，才能让彼此的合作有清晰的规划和安全感。这样的三个方法给到目标学员（需要和客户打交道的同事），他们就知道在具体情境下该做什么、不该做什么，也就有了参考的意义。培训之后学员能够依据培训师教的工具方法调整行为，从而提升绩效。

所以，工具方法是否有效的衡量标准是把它放到具体业务情境中，看其是否可操作；让一个经验技巧一般的人使用这个工具方法，看其是否能高质量地完成工作，交付成果。

（2）**工具方法是有价值、有重点的关键动作和技巧，而非人尽皆知的工作流程**。培训师在开发课程时，通常的做法是梳理工作的流程环节，找到最核心或最关键的部分，可能是最难的或者最可能出错的、对结果具有至关重要影响的一个或多个环节，对比专家与职场小白（经验和技巧不丰富的同事）在这几个环节处工作行为的差异，从差异中找到关键动作，然后提炼成工具方法，复制给目标学员。

举例说明，比如服装行业门店销售，培训师给到的工具方法是：售前精心准备，售中热情服务，售后持续关注。这个算不算行为层面的工具方法呢？衡量的标准依然是看小白在工作场景中能否依照这个工具方法直接操作，答案是不行。培训师可以尝试梳理在销售流程中哪些环节属于难点重点，对顾客成交有重要影响，比如顾客进店的破冰环节，比如推荐试穿环节，比如顾客穿好了出来照镜子的时候，比如顾客产生异议的时候，销售精英和新入小白在这些环节都会有明显的行为差异，正是这些差异带来了业绩结果的不同。所以，培训师在开发课程的时候，需要提炼萃取这些关键环节的关键动作，让小白在特定环节做出相应动作，以提升成交的概率（见表17-1）。

表 17-1　关键环节的关键动作

关键环节	行为差异		关键动作	关键动作和技巧结合举例子 / 给案例
开场破冰	小白	无所适从、尴尬等待、急切推荐	围绕顾客打开话题	围绕随身物品 / 发型 / 服饰打开话题，看到雨伞可以聊天气，看到购物袋可以聊品牌，如果顾客带孩子进来可以夸夸孩子
	精英	自然开场、自在交流、建立信任		
推荐试穿	小白	跟随顾客、辅助拿货	全套搭配，推荐试穿	顾客拿起一件 T 恤，销售精英便会推荐一条裤子，给顾客试穿，甚至还会多推荐与那件 T 恤风格类似的其他 T 恤或衬衫，以增加顾客试穿的件数和成交的可能性
	精英	观察顾客喜好、有目标推荐		

（续）

关键环节	行为差异		关键动作	关键动作和技巧结合举例子 / 给案例
出试衣间	小白	根据顾客反馈成交或放弃	搭配替代，随时加推	顾客走出试衣间，这个时候会出现两种可能性：一种可能性是顾客很喜欢这件 T 恤或裤子，这时销售精英会把准备好的搭配款即外套或马甲给顾客穿上，增加客单价；还有一种可能性是顾客明确表达不喜欢这个 T 恤或裤子，销售精英便把替代款，某一件风格类似的 T 恤或衬衫拿给顾客，让顾客继续试穿，不放弃销售机会
	精英	早做准备，替换款和搭配款随时加推		
客户异议	小白	反对异议，与顾客辩驳	认同异议，引导买点	顾客提出异议时，不同的应对能够将顾客引导到不同的方向。销售精英会认同顾客提出的异议，无论是价格异议还是款式异议，或者是质量异议，先部分认同，再引导顾客关注核心卖点，连接顾客感兴趣的买点，从而消除异议，促动成交
	精英	先认同部分内容，再引导关注		

所以，找到关键环节的行为差异，并明确可以被复制和操作的关键行为，才是有价值、有重点的关键动作和技巧。

（3）**工具方法应该是有提炼、有总结、好记忆、能理解的口诀或者模型**。培训师通常在自己熟悉的专业领域做得很好，自己做完全没有问题，一对一带徒弟，跟徒弟讲解、演示、辅导反馈也没有问题，可是如何将这个讲解演示的过程搬到课堂上，让更多的学员通过课程讲授、演练、互动与反馈，让更多目标学员理解、接受并能够实操？培训师还需要具备一个能力，那就是提炼总结的能力，把繁复冗长的大白话提炼成好记忆好理解的口诀。

　　这里有一个非常有意思的案例。小时候，爸爸妈妈教我吃灌汤小笼包，我记得大致是说，把小笼包夹到自己碗里，要很轻很轻，夹住上半部分皮厚的地方，然后要稳稳地、慢慢地挪到自己碗里，吃的时候一定小心，不能一大口咬下去，否则会烫伤，而且容易爆汁，是那种溅出很远的那种"爆"，应该是先咬一小口，这样就可以吸吮到汤汁……总言之，就是颇具细节地描述了全部过程和注意事项。当然，通过理论知识和几次切身体会，我学会了这个操作技巧，再后来，其他城市的大学同学过来玩，我教他们吃小笼包，就用到了网上非常好用的技巧，叫作"轻轻提、慢慢移、先开窗、后吸汤"，短短十二个字就非常精练地描述了吃小笼包的全部过程和操作要领，同学们听一遍就会了。

　　人的大脑其实是非常懒惰的，对于复杂的、需要深入思考和记忆的东西，它会产生本能的抗拒，所以培训师在提炼总结时，尽量做到言简意赅，能用简单句就别尝试复杂句，切忌用浮夸的辞藻或者拗口的术语来修饰课程内容，尽管显得培训师很有深度很专业，但这样做的结果只能是让学员的大脑专注力离开你的课堂。

　　有一位讲授 PDCA（Plan、Do、Check、Act，即计划、执行、检查、行动）在企业生产管理中运用的培训师，原来的课程内容是：

　　1）做好计划，运行良好机制需要高效规划。

　　2）有强的执行力，刚性化、精细化是生产管理的基石。

　　3）建立强反馈检查，优化激励与反馈机制持续优化迭代。

　　4）多轮再行动，多元化标准复盘与提升。

　　仔细思考以上四点内容，都没有问题，说得都对，就是理解起来太吃力，大脑对于需要费劲思考才能理解的内容，往往会选择放弃。所以，我们建议培训师尝试把复杂深奥的专业术语删除，把冗长的句子进行简化，修改为：

1）计划，找到症结。

2）执行，精准施策。

3）检查，优化迭代。

4）行动，复盘提升。

对于工具方法的提炼总结，技巧就是找到关键环节、关键动作，梳理标准或目标，用对称或押韵的方法打磨语言，让工具方法朗朗上口，让学员一看就懂，易学易记。

综上所述，关于行为层面的工具和方法，很多培训师习惯于给出理念和底层逻辑，类似于说"以客户为中心""客户永远是对的""有效的管理是彼此成就"，这样的"道理"用在思维层面来陈述清晰的观点和理念是可以的，但是到行为层面，就一定要给工具方法了，要指导目标学员的工作行为，比如说"有效的管理是彼此成就"翻译成工具方法就是：①每月一次成长谈话，帮助员工发现问题、提升能力；②给员工略高于自身能力的任务，以事练人；③为员工在功劳簿上添墨加彩，给他机会。前面的"有效的管理是彼此成就"只是理念，目标学员会认同，但不知道怎么做，属于"没有价值的道理""正确的废话"，而后面的三个具体方法，让管理者在真实的管理场景中有行动指引，这才是有效的工具方法。这样的内容，相信学员听完会有所收获和成长。

理解层面：言之有理，设计教学策略

一个观点理念，给一套工具方法模型，可能 1 分钟，学员就可以知道是什么意思，就能理解，放在 PPT 里往往三五页甚至一页 PPT 就能呈现。可是，我们知道中国人有一句话叫"知易行难"，英语世界也有一句话叫"Easy to say，hard to do"（说起来容易，做起来难）。所以，课堂上最远的距离不是培训师和学员之间的距离，也不是我站在你面前你却不知道我在说什么，而是从知道到做到的距离。要完成从"知道"到"做到"的转变，我们就需要设计教学策略，针对工具方法结合目标学员的应用场景，给到案例辅助学员理解工具方法的价值，学习应用工具方法的技巧。

我们来看工作汇报或者商务演讲经常会用到的思维结构，叫作金字塔原理。金字塔原理最核心的四个基本特点如图 17-1 所示，通常一页 PPT 呈现出来，大家就能理解概念，知道意思。可是这样做学员内心里没有触动，没有感觉，没有那种

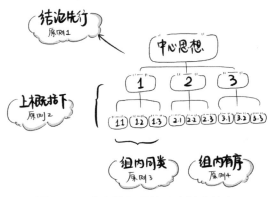

图 17-1　金字塔原理的四个基本特点

获得洞见时的豁然开朗，所以，在真实的工作场景中，学员不会把金字塔原理用起来，他们依然会回归到惯常的工作习惯和模式中去。

那么，怎么让这个工具方法进入学员的内心，使他们产生触动，有强烈的要应用在自己工作中的意愿，并且有能力真实使用呢？答案是，给案例。

还是这个例子，针对金字塔原理的四个特点，我们给出如下案例 $^{\ominus}$。

某银行对公业务客户经理尝试对客户（王总）介绍全新的电子银行汇票业务，他是这样说的："王总，我行近期推出的电子银行汇票业务是一项全新的业务，行里也在花很大精力推这项业务。它有多种签收兑付形式可选，有见票即付、定日付款等形式，而且它的单笔金额可以高达 1 亿元。另外，在操作上只需登录网银即可办理，也省去了您跑到网点办理业务的麻烦。×× 公司的张总最近刚刚办理过，觉得挺好的……"

　　$\ominus$　来自李忠秋的《结构思考力》。

假设，你是客户王总，此刻你对这段话的理解是什么？如果你非常用心去倾听和理解这段话，甚至你拿出小本子边听边记边思考，不懂就问，我想，你作为大客户王总，一定能完全理解。但是我们知道，多数情况下，我们的汇报对象、说服对象，他们不会全神贯注，不会全身心投入，不会拿出本子记录和思考。所以，你上面这段话说完，你的说服对象大概率会问你一句话："你到底想说什么？"接下来，让我们用金字塔结构重新组织这段话的内容（见图 17-2）。

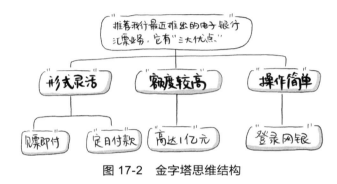

图 17-2　金字塔思维结构

王总，我向您推荐我行最近推出的电子银行汇票业务，它有三大优点：一是形式灵活；二是额度较高；三是操作简单。首先形式灵活方面有见票即付、定日付款等形式可选；其次它额度较高，最高可达 1 亿元；最后是它操作简便，网银就可以办理。

通过产品销售说明的业务场景，运用两个对比案例，让学员感受到二者的差异。当我们运用金字塔原理的四个特点重新组织语言之后，阐述变得观点清晰、逻辑严密，学员瞬间就把自己代入了那个场景，感受到了对比差异，体验到用工具方法能够让自己思路更加顺畅，那就是学习的愉悦。

为什么给了工具方法，还一定要给案例、有教学策略？因为学员需要体验，无论是在他大脑里，还是让他身体力行，真实感受，学员都需要代入场景。只有体验到工具方法可以带来的收获和价值，他们才会产生要应用这个工具方法的强烈意愿，也才会理解原来工具方法是这样用的。

要让理解层面的教学策略和案例说明发挥作用，就需要做到三点：第一，用一个简单案例，帮助学员理解工具方法的价值；第二，再给学员一个会真实碰到的场景案例，让学员体验运用工具方法的技巧和意义；第三，举一反三，触类旁通，引导学员在新的场景中运用工具方法，以确认学员真正掌握了工具方法。

（1）用一个简单案例，帮助学员理解工具方法的价值。比如有培训师讲 PDCA 课程，应该怎么讲？对这四个英文字母进行翻译和解释吗？当然我们会做解释，但解释不能成为课程主体，因为多数学员自己能看懂 PPT 上呈现出来的文字信息。为了帮助学员真正理解这四个步骤，培训师通常会给到一个案例辅助理解。比如，培训师会举例，大家要进行一次旅游，通常的做法是什么，以此引导大家开始思考。首先我们要选目的地、做攻略、准备行李，出国还要涉及护照签证、入关政策等，然后我们执行计划、采购、打包、办理手续，一切基本顺利，途中略有问题，比如一个喷雾式化妆品被机场拦下来，无奈扔了，到目的地，发现电源插口不一样导致手机和电脑充电不方便，然后游玩中发现防晒忽视了，只得高价购买防晒用品……我相信发生这些事情时，你一定会做一件事，叫作"复盘"，你会总结执行计划的结果，哪些做得好，哪些是冗余的，哪些是欠缺的，也许是在脑子里复盘，当然还有人会在笔记本里认真记下全程。最后，这件事情并没有结束，你会对这次旅游经历有一个总的处理，比如对成功的经验加以认可，固化为标准流程，下次旅游前你会按照清单准备和采购物品，你也会对失败的教训进行总结反思，然后调整下一次旅游的实施，比如你再也不会带上一瓶昂贵的喷雾式化妆品而不选择托运了。于是我们发现，即使是面对旅游这样一件事情，我们都会经历四个阶段，分别是前期的计划（P），然后根据计划实施执行（D），再对实施结果进行检查和复盘（C），最后也是 PDCA 最重要的一环（A），对结果进行处理，为下一轮 PDCA 做准备。

有了这个案例，学员对 PDCA 的理解就不再停留在概念上，而是知道怎么用了。这里特别提醒注意，第一个案例的核心目标是帮助学员理解工具方法，所以案例的选择尽可能简单和普遍，可以选择生活上的例子，可以用培训师自己的故事，也可以讲大家耳熟能详的历史和小说故事，最好是大家都能有共鸣、有代入感的，也是大家都可能经历过的。

（2）**再给学员一个可能会真实碰到的场景案例，让学员体验运用工具方法的技巧和意义**。培训师已经用一个简单案例帮助大家理解了工具方法，但是理解不是授课的目的，授课的目的一定是解决问题，而且通常是解决工作中的实际问题。所以接下来，培训师需要将学员已经理解了的工具方法放到学员的工作场景中，看学员是否能够应用。还是拿 PDCA 举例，培训师提出问题：如何进行生产安全管理？接着引导学员思考或者讨论。第一步要做计划，生产安全管理的计划包括哪些？学员会说出制定规章制度流程、开会要求、知识和标准培训、硬件设施管理等。第二步是执行，包括每日安全管理、安全生产、常规操作等。第三步做检查，每日每周要实时检查哪些事项，关注哪些问题？第四步，跟进结果，对结果进行处理。每一步操作细节需要注意什么，如何让PDCA 发挥更高效的作用，都需要在案例中让大家有所体会和感受。每一轮 PDCA 都是一次优化迭代，发现问题，解决问题，形成标准，然后再次迭代！到这里，我们相信学员已经认同了 PDCA 的价值，也大致明白了 PDCA 在管理中的应用流程及操作要领。很多时候课程到这里，培训师就收尾结束了。然而，我建议培训师，后面再给一个有挑战性和启发性的案例，开阔学员思维，将工具方法应用在更多场景和领域。

（3）**举一反三，触类旁通，引导学员在新的场景中运用工具方法，以确认学员真实掌握了工具方法**。这一部分可以用案例研讨的方式，通过一个场景案例引发学员讨论如何应用工具方法；也可以通过一个开放性的问题，触发学员思考；还可以结合培训师的经验，设置一个有挑战性的困境，也就是工具方法在应用的时候可能产生新的问题，或者与现有的制度、流程、方法发生冲突，这种情况下该怎么办？目标是让学员对工具方法的应用有更加深入的思考，为未来可能会遇到的困境做出心理建设，也多做一份准备。

这样的话，培训师就帮助学员不仅理解了方法工具，而且为应用工具方法提供了非常有价值的场景链接和心理体验，既能结合工作、指导应用，又能解决问题、提升绩效，这才是企业培训的终极目标。

综上所述，好的授课绝不仅是传递信息，甚至不仅是传播知识，更是给予体验，让学员收获洞见，体验观点和理念落到真实应用场景中的行动方法和工具，通过案例和教学策略去思考和体验运用工具方法获得结果的那种收获与成就感。

由此我想到一个故事。有一位白手起家、生意做得不小的老板，花重金买了一幅艺术画放在办公室自己一抬头就能看到的位置，他说："这幅画线条利落、结构清晰、有层次感，这便是艺术品的'血'；色彩明暗对比和色调运用，形式和手法熟练，细节把握精准，这便是艺术品的'肉'；这些画法技法都不难，难的是这个画家能将情绪情感、态度想法通过线条、结构、色彩、明暗呈现出来，让我感受到，让我有共鸣，让我有体验和感受，这才是艺术最有价值的地方，是艺术品的'灵魂'。你看这幅画整体色调偏深，看起来有些压抑和挫败感，线条凌乱交错，似乎经历着迷茫困惑和动荡不安，但是中间的那一团红，周围零星的光圈，代表希望和信心，一如我的人生。我从贫苦小县城走出来，小时候为了读书吃尽苦头，进过体制，下过海，历经挫折、无奈和彷徨，但我心里始终有一团火焰，也感谢这些年身边有你们这些朋友始终相伴，就好比周围零星的光圈……我在这幅画里，看到了我自己。"

衡量艺术品，有三个层次，分别是：有血——线条利落、结构清晰、有层次感；有肉——色彩明暗对比和色调运用，是绘画的形式和手法；

最高级别是有灵魂——让欣赏者产生强烈的情绪共鸣，有体验、有触动甚至有更深的思考和突破原有认知的顿悟。

一个好的培训课程亦是如此。思维层面的观点理念、行为层面的工具方法和理解层面的场景案例，三者缺一不可，才能组织出有血有肉有灵魂的课程。

❀ 本章小结

本章主要分享了组织课程内容应该包含的三个层次结构：思维层面给观点理念；行为层面有工具方法，用方法指导行为，用工具规范行为；理解层面，有教学策略和案例说明，促进学员将工具方法应用在具体工作场景中，从而组织有血有肉有灵魂的课程内容。

请结合本章内容，对以下问题做出思考：

1. 好的观点和理念，可以如何获得？

2. 读书、听课、思考、和他人交流，除了这些还有什么方式可以积累案例或故事？

3. 有哪些案例或故事可以吸引学员的兴趣并让学员有代入感和价值收获？

4. 请尝试在你最擅长的业务领域，针对特定任务，总结提炼出一套工具、方法或模型。

第 18 章

令人惊叹的开场技巧

思考一下

在上课的时候，你通常是如何做课程开场的呢？在以下符合你做法的选项上打钩：

☐ 直接进入主题，讲课程内容

☐ 和学员问好，简单介绍课程

☐ 准备一段开场白，做自我介绍

☐ 准备一些活动，与现场学员互动

☐ 其他方法：＿＿＿＿＿＿＿＿＿＿＿＿＿＿＿＿＿＿＿

那么，在正式讲课程内容之前，到底要不要做开场设计呢？答案是肯定的。

优秀的开场让课程成功一半

想象两种上课的场景：第一种是给不认识的学员讲课，学员与培训师彼此陌生，这时候需要快速建立学员对培训师的信任；第二种是给认识的学员讲课，学员虽然认识培训师，但是他们在一个新的场景（特别是学习场景）下，会加强"自我保护"，可能会显得更加沉默，这时候需要快速打破学员之间的隔阂。

在给不认识的学员讲课时，还要了解一个心理学效应：首因效应。首因效应由美国心理学家洛钦斯提出，也叫第一印象效应，指交往双方形成的第一次印象对今后交往关系的影响，即"先入为主"带来的效果。虽然第一印象并非总是正确的，但是对于后面的交往影响很大。在上课时，面对刚见面的培训师，学员往往会在短时间内形成第一印象，这会直接影响他对后面课程的兴趣度以及投入度，有可能还会影响其他学员，甚至告诉课堂外的人他对培训师的印象。

培训师在开场的时候，要避免 4 种"坑"。第一种是"自残式"，过度"谦虚"或暴露自己的"不足"，让学员无法信任。比如，有些培训师第一次讲课，可能会说"各位同学大家好，今天是我第一次讲课，课件也是最近才做出来的，要是觉得我哪里讲得不对，尽管提意见或建议"。如果你是他的学员，对这样的培训师会有信心吗？第二种是"自黑式"，不顾学员感受，一开始就讲严格的规矩，与学员产生隔阂。一般来说，课堂纪律应该由培训管理人员或带培训班的助教人员来宣布，如果培训师在学习环节中设置了比较严格的规则，建议是在开完场、破完冰之后再宣布。试想一下，如果在课堂中，培训师还没讲课程内容，就发布了一些严格的规矩，你是不是也会有些抵触呢？第三种是"自夸式"，过度"炫耀"自己，与学员产生距离。我曾见过一些培训师，为了显示自己的"实力"，对自己"过度包装"，比如，给研修班学员做分享就自称某某大学客座教授，非直接参与就自称主导某某大项目，通过一张合影就自称是某某行业大咖的挚友，等等。现在是信息高度透明的时代，学员的见识不一定比培训师少，面对爱"吹牛"的培训师，你会反感吗？第四种是"自乱式"，开场讲太多与课程无关的内容，无法与课题连接。有些培训师为了拉近与学员之间的距离，会介绍一些自己的兴趣爱好或者人生经历，稍有不慎，就非常容易跑题。

好的开场设计有 3 个特点：第一是"简洁"，讲得多不一定讲得清楚，冗余的内容会让学员抓不住重点；第二是"聚焦"，开场的内容要和课程相关联，如果不聚焦课程，学员可能会充满疑惑——"这和课程有什么关系呢"；第三是"冲击力"，让学员记住什么比培训师讲了什么更重要，要根据学员的特点，设计让学员记忆深刻的开场。好的开场需要做 3 个方面的设计：自我托起，动员破冰，导入课题。

自我托起：快速"圈粉"的 3 个方法

最近直播带货特别火，其实它的本质和电视购物没有太大的区别，仅仅是换了平台，但直播带货的销售量和影响力特别惊人。为什么会这样呢？原因有很多，比如用户的平台使用习惯、体验等。除此以外，还有一个非常重要的因素，那就是直播带货的主播要么是娱乐圈明星，要么是该平台上的"网红"，他们都有一定数量的粉丝，粉丝们愿意买单。在这里又要提到一个心理学效应：光环效应。光环效应又称晕轮效应，是指在人际知觉中所形成的以点概面或以偏概全的主观印象。简单来说，就是一个人的某个特别突出的特点、品质会掩盖人们对他的其他品质和特点的正确了解。为什么粉丝们愿意为明星或者"网红"买单，是因为这些明星或"网红"的一个行为、一句话得到了粉丝的认可，在粉丝的脑海中就给这些明星或"网红"贴上了自己喜欢的标签。比如，假设你是一个非常注重家庭关系的人，而某个明星的家庭特别和睦，他在你心中也是一个注重家庭关系的人，他做代言或者直播给你推荐东西时，你会更愿意买单。作为培训师，也需要"圈粉"，要将学员快速变为自己的粉丝，可以用 3 个方法。

1. 拉近与学员的距离

请你想想看，你见过的哪些人会让你感觉亲切？相信在你的脑海中出现了很多人。再想想看，是不是有些人与你相似呢？比如，和你有相似的喜好、相似的想法、相似的处境等。如果想快速拉近和学员的距离，可以抓住"相似"这个关键词，从学员的部门、岗位、年龄、经验等入手，比如：我在给银行的学员上课时，就会给他们分享在银行上课的经历；在给制造业的学员上课时，就会分享在制造业的见闻。

除了外在的特点，还可以从内在的感受出发引起与学员的内在共鸣。比如，俞敏洪在北京大学 2008 年开学典礼上，以这么一段话开场："非常高兴许校长给我这么崇高的荣誉，谈一谈我在北大的体会。可以说，北大是改变了我一生的地方，是提升了我自己的地方，是让我从一个农村孩子最后走向世界的地方。没有北大，肯定就没有我的今天。北大给我一连串美好的回忆，当然也留下了一连串的痛苦。正是在美好和痛苦中间，在挫折、挣扎和进步中间，我找到了自我，开始为自己、为家庭、为社会能做一点事情。"从俞敏洪这段发言中，就可以体会到他对北大的感受，非常容易与学生们拉近距离。

还有一个技巧就是用培训现场发生的事情或场景来与学员产生连接，这个就非常考验培训师的功底和经验了。比如，有一个周末我去给一个企业上课，看到有部分学员早早就坐到了培训室，正忙着工作。当时我比较惊讶，怎么周末还有这么多人加班工作，跟他们了解后才知道，公司属于国家高科技行业，一直都比较忙，加班是常态。还有学员开玩笑式地"倒苦水"说："这个周末白天是加不了班了，得等下了课晚上再加班。"于是，在课程开场的时候，我有感而发："今天一早来到教室，没想到有一半的同学比我还早到，大家都沉迷于加班之中无法自拔。有时候我也在想，中国改革开放这 40 多年，为什么能取得这么优秀的成绩？

今天我在大家身上找到了一个关键要素，那就是中国人民的勤奋，在这40多年里，付出的是60多年甚至80年的努力，能不优秀吗？"讲完这段肺腑之言后，现场就响起了热烈的掌声。

2. 亮出硬核特点

请你想想看，什么样的培训师会让你觉得靠谱？在这里我给个关键词，那就是"成功"。比如，一个教销售技巧的培训师，自己的业绩得名列前茅；一个教企业经营的培训师，自己的企业得做得不错。只有自己有相对学员更"成功"的经验，才能让学员信服。培训师如何把自己的"成功"之处告诉学员？可以从以下4个方面入手。

第一，相关经验，介绍与自己所讲的课题相关的经验，比如从业时间、企业经验、项目经验等。值得注意的是，如果要介绍自己的从业时间，应该是有较长时间，至少比学员要多出一些；如果要介绍在哪些企业服务过，建议介绍一些学员熟知的企业；如果要介绍自己的项目经验，建议说一些较大型的项目。一般来讲，经验可以以文字描述的形式罗列在个人介绍的页面。

第二，优质证书，向学员展示自己获得的各类证书，比如名校学位、职业/执业资格证、职称证书、荣誉证书等。关于证书，也有3点要注意。一是证书要跟当天讲的课题有直接或间接的关系，比如讲的是与财务相关的课题，可以罗列财务相关的职称、资格证书等。二是证书的含金量要高，现在有一些证书，只要交钱就可以轻松拿到，现在信息非常透明，学员很容易清楚证书的含金量。继续拿财务举例，含金量高的是注册会计师和注册税务师，而有很多证书前面加了英文缩写或者"国际"两字，名字显得"高大上"，但含金量很低。三是证书可以罗列在个人介绍的页面，建议仅做展示，不需要逐个念给学员听，因为学员看个几秒钟就能看全，逐个念出来显得有点尴尬。

　　第三，成功案例，介绍一个与课题相关的案例。比如，有一次我在给某银行上课时，一位学员在课程开场时分享了他的成功案例："我行信用卡中心想跟某商场合作，在里面驻点发卡，但是行里不同意出经费。该商场人气非常旺，其负责人一直不同意，在 3 年里我行共计有 4 位同事跟进，都未能达成合作，而在我接手 2 个月后，就快速与该商场达成合作，我行不仅没出经费，商场反而给了我们一笔费用，信用卡月激活卡量 1000 多张。"如果你是银行从业人员，听到这里，是不是也会不由自主"哇"地一声呢？最后，还有一个提醒，前面提到的经验和证书介绍建议以文字形式展示，成功案例建议讲述给学员听，在讲述时可以在个人介绍的页面停留 1~2 分钟，这样学员既能听到讲师精彩的经历，又能看到展示出来的丰富经验和各项优质证书。

　　第四，惊人数据，统计与课题相关工作的数据。之前有学员问我："我刚工作没多久，既没有硬核的证书，也没有太久的工作经验，怎么介绍自己呢？"如果你也是这样的情况，可以考虑这种方法。比如，讲品质的可以展示自己发现并解决过多少个问题点，讲财务的可以分享自己处理过多少张报表等。

3. 分享个人标签

　　要想快速被学员记住，"标签"可以帮大忙。大部分时候，这个"标签"是被别人贴上的。回想一下，在跟朋友聊起前几天刚认识的人时，是不是会无意识地给对方贴一个"标签"呢？培训师在上课前，可以给自己贴一些能展示自己特点和优点、与课程相关的标签。

　　到这里，开场自我托起的技巧介绍完了，你可以好好用这 3 个方法来设计，快速让学员变成自己的粉丝。

动员破冰：快速让学员"燃起来"

思考一下，什么原因会导致学员参与度低？

一般来讲有两个原因：一是"内驱不足"，学员可能是"被安排"来上课的，对课程不太了解；二是"自我保护"，学员彼此之间是同事，甚至还有领导在现场，学员担心"言多必失"，所以少说话。

要想快速点燃学员的学习热情，就要增加学员学习的内驱力，同时给学员安全感，让他们觉得今天听课是"有收获的"而且是"安全的"。所以，动员破冰时有 3 个非常重要的要素。

1. 说明收益

说明收益是为了增加学员学习的内驱力，即便可能存在"被安排"来上课的情况，但是课程内容跟该学员的工作是有关联的。可以用两个方法来说明收益。一是直接法，直接说明课程中的内容可以帮助学员解决什么问题，达到什么效果。一般情况下，学员层级比较高时可以采用直接法。二是痛点法，找到学员工作中可能存在的痛点，告诉他们课程中有解决方法。用痛点法要注意，挖的痛点要"足够痛"，比如，销售人员跟进一个大客户已有 3 个月之久，突然客户和其他供应商合作了，销售人员也不知道问题出在哪了。另外，要注意的是强调在课程中有好的解决方法，而且比学员现有的方法还要好。

2. 打破隔阂

打破隔阂是为了让学员参与进课堂，增加其安全感。在这里给你介绍 3 个方法。

（1）游戏法。这是比较常用的破冰方法，通过游戏，让学员动起来。使用游戏法有 3 个注意事项：一是全员参与，如果游戏只能让部分人参与或分批参与，就不建议放在破冰环节，因为这样会让不参与的人闲置，反而更冷场；二是要控制时间，如果是 3 小时的培训，一般建议游戏时间不超过 5 分钟，游戏时间太长反而会喧宾夺主；三是要与课程相关，如果与课程没有关联，就是为了做游戏而游戏了。

（2）**段子法**。讲一个与课程相关的"段子"，既能活跃氛围，又能让学员更放松。需要注意的是，如果是比较隐私或者有点"出丑"的"段子"，建议讲自己。比如，有一次我给某制造企业上课，一位学员的课题是"沟通技巧"，他在开场时就设计了这么一段："今天早上起床，就发现老婆板着脸，当我准备出门时，老婆冷冷地问道：'去哪里啊？'我说去参加培训，老婆说：'周末去参加培训，谁信啊！'这时候我心里就来火了，明明昨晚跟她还说过这事。在我正准备爆发之际，转念一想，不对啊，她平常对我很信任，难道我做了什么让她不高兴的事？我得好好和她沟通沟通。"看到这里，可能你也想知道这位培训师家里到底发生了什么事。我们很少会给别人讲家里的事，在培训场合就更少了，讲得越少，听众就越关心，所以把家里的事稍微"加工"一下，也可以是一个不错的"段子"，但记得一定要跟课题相关。

（3）**绝活法**。秀一下与课题相关的绝活，不仅可以增加学员的信任，还可以提起学员的兴趣，活跃氛围。比如，有一次我给食品企业上课，一位学员讲的课程是"面试技巧"，他拿出一沓毕业证，让现场的学员猜猜真假，结果没有人能全部猜对，但他通过观察，快速辨别出真假，现场的学员不仅对他特别佩服，而且也纷纷表示想学一下面试技巧。

3. 课程概要

课程概要的介绍比较简单，以告知为主，主要目的是让学员清楚培训的安排，让学员有一个好的体验。课程概要一般需要介绍培训规则、培训目标、课程收益、时间安排等。

到这里，动员破冰的技巧就介绍完了，你可以把自己的优势与课题做结合，这样就能快速点燃学员。不过还要记住两点：一是要点燃学员，首先要引爆自己，如果培训师自己都不"嗨"，学员是很难被点燃的；二是索要掌声可能会引起学员的反感，我见过一些培训师，为了活跃气氛，一直在向学员要掌声，这在培训中不可取，培训需要活跃的氛围，但不是娱乐节目，大部分学员也是见多识广的人。

导入课题：8 招抓稳学员的心弦

想一想，如果破冰完之后马上就开始讲课程内容，学员的体验是怎样的呢？他们会觉得节奏太快了，刚热身完马上就进入课程，中间缺少过渡和衔接，这时候就需要导入课题了，这里介绍 8 个导入的方法。

1. 播一段视频

播放视频是比较常见的导入课题的方法，但是我发现有些培训师选的视频很难吸引学员的关注。建议培训师在找视频的时候，除了课题，还要关注学员的部门、岗位、年龄、兴趣等，做到因人选视频。比如，如果给互联网企业上课，面对"00 后"的学员，给他们播放《亮剑》《三国演义》等早年的电视作品片段，就很难引起关注，因为熟悉这些电视剧的不多，所以可以找一些当下流行的电影或网络短片的片段。

另外找视频还要突出观点，如果培训师的观点需要看完视频后转化几次才能理解甚至模棱两可，就达不到预期的效果。比如《我的兄弟叫顺溜》有一个片段，营长让顺溜教战友射击，顺溜一打一个准，但就是不会教，这时候翰林过来说自己可以教，总结完经验后就教给战友了。这段视频被用在铭师坊版权课"经验萃取"中，其观点十分突出：专家会做但不一定会教，只有通过经验萃取，好的经验才能被广泛复制。

2. 列一组数据

数据的使用要注意两点：一是权威可信，在当今时代，信息满天飞，其真伪性需要验证，培训师找数据的时候要仔细考究，在列数据出来的时候，加上公布数据的机构或专家，这样更有可信度；二是数据要震撼人心，如果只是一个不痛不痒的数据，很难引起学员的关注。比如，在戒烟宣传课程中，有培训师引用国家卫生健康委员会和世界卫生组织驻华代表处发布的《中国吸烟危害健康报告 2020》中的数据："我国每年有 100 多万人因烟草失去生命。"100 多万确实很惊人，但是学员会拿人口基数做除法，仅仅是因为这个数据而戒烟的人很少。

3. 提一个问题

提问题是培训师非常重要的技能之一，导入课题时的提问与课程中的提问略有区别。这里需要注意两点。一是打破常规，如果开场的问题过于简单或平淡，学员关注度会降低。比如，"你也会有这样的困扰吗""你会这样做吗""你认为对吗"等类似的问题就不太适合放在开场。在管理类的课程中，"下属出错了，领导应该自己担责还是让下属担责"这样比较有争议的问题放在开场就比较合适。二是有理有据，继续延伸"下属出错了，领导应该自己担责还是让下属担责"这个问题，作为听管理类课程的学员，他们会有自己的想法，而且他们在管理工作中也是这么做的。培训师的答案总和一部分人不一样，这些人第一反应是"不可能"，所以培训师要拿出非常有力的道理和依据，才能得到这些学员的认同。

4. 抖一个反转

反转是相声表演中常用的技巧，在导入课题时，为了吸引学员的注意力也可以使用。找一个合适的时机，把原本非常顺利的事件做一个反转。比如，有一次我给某咨询机构上课时，一位学员的课题是"投标技巧"，他在开场中讲道："部门销售冠军跟某大客户合作有 3 年多了，由于服务好、成果好，今年又给他一个大订单。销售冠军心想如果今年还能继续跟这个大客户合作，销售冠军的位置肯定是妥妥的。于是他不敢怠慢，提前一个月准备标书、证书等材料。投标当天同事们纷纷送来了祝福，还约好了庆功宴。等他回来之后，同事们发现他一筹莫展，眼角还有未干的泪痕，谁也不知道发生了什么，但是猜得到是投标失败了。后来才知道，投标当天，他连资料审核这一关都没过，直接被废标。"如果你是学员，肯定会很好奇到底什么原因导致这样的情况发生。

5. 讲一个故事

讲故事是培训师的基本功，在课题导入的时候讲故事特别考验培训师的功底。开场的故事有 3 个要求：一是关联主题，千万不能跑题；二是控制时间，一般建议控制在 3 分钟以内；三是真实发生，可以做一定的加工，但事件本身必须是真实的。基于这 3 点，培训师不仅要找到相关的事件，还得设计讲述的方式，让故事扣人心弦。著名主持人董卿曾经在中央广播电视总台 2019 主持人大赛中点评选手时说："讲故事的黄金抛物线是：设定情节—进入话题—引发冲突—进入高潮—解决问题—给出结论。"培训师可以根据黄金抛物线来设计自己的故事。

6. 说一个案例

案例在课程中用得比较多，放在开场的案例需要精挑细选，要么是非常有价值的成功案例，要么是有代表性的负面案例。在讲解案例的时候，需要抽丝剥茧、层层递进，这样学员才能理解案例的含义。

7. 做一个测试

放在开场的测试建议加一些巧妙的设计，让学员测试完之后有"哇"的感觉，达到"一测惊人"的效果。比如，我在讲执行力相关的课程时，会安排一个"执行力测试"：试卷上有 15 道题，需要学员在 3 分钟内完成，每一道题都设计得非同寻常，前面几道题是让学员写名字、填信息、做选择，后面几道题会让学员站起来喊口号、鼓掌等。很显然，这 15 道题在 3 分钟内是很难全部做完的。学员在做题时，听到周边的人喊口号就意识到落后了，就会马上加快速度。但是在试卷最开始的说明处就写道：请把题目读完再开始做。我也在测试前反复强调这一点，最后一道题写着："看到这，只用把名字写好，然后静静地看其他同学表演吧。"如果按要求做，3 分钟内读完题，然后写个名字，时间是绰绰有余的。经历过这个测试，学员印象深刻，测试后我告诉他们，"执行力不是听到指令就马上干，而是要听清指令按要求干"。

8. 放一张图片

开场放图片的目的主要是让学员发散思维，快速参与到课程中，培训师可以借机引爆课堂。建议你找一些启发思考的图片，比如：讲质量课程的培训师可以找一些事故现场的照片，让学员找找问题点在哪里；讲心理学的培训师可以放一些心理学效应的图片，让学员发表自己的观点等。

到这里，开场设计就介绍完了，共包括自我托起、动员破冰和导入课题三个部分。我们提供了一些技巧和案例，你可以结合自己的实际情况来做设计。最后给大家一个时间上的建议，如果是 3 小时的课程，开场的时间建议不超过 10 分钟。如果时间不够，你可以把这 3 个方面的一些设计进行融合，比如导入课题的有些技巧能够达到破冰的效果，那就可以在这个环节直接把破冰做了，不用单独设计破冰。

❀ 本章小结

本章主要分享了课程开场的设计技巧，你可以结合个人情况，做出以下思考：

1. 在你听过的课程中，哪位培训师的开场让你印象最深？为什么？

_____

2. 在接下来的课堂中，你会怎样做"自我托起"呢？

_____

3. 根据你最近准备讲的一门课，做一个"动员破冰"的设计。

_____

4. 根据你最近准备讲的一门课，做一个"导入课题"的设计。

_____

CHAPTER 19
第 19 章

让学员全身心投入重要知识点的探索

💡 思考一下

在课堂上，当遇到课程重点的时候，为了加强学员对这部分内容的理解，通常你会如何操作呢？请你选出你的常见做法，可以多选：

☐ 和其他知识点的讲解方式一样，不会有什么特别之处

☐ 直接切入重要知识点，并提醒学员这部分是重点，请大家认真听讲，不要走神

☐ 直接讲解知识点，讲完后一般会留出问答时间，请学员就没听懂的地方提问，但很多时候都没人提问

☐ 直接讲解知识点，讲完之后让学员回答问题

☐ 一般在讲解知识点之前会先提问，让学员回答，学员答不上来的时候再介绍新的知识点，通常没人愿意回答问题

☐ 通常一个重要知识点需要 10 分钟左右可以讲解完

☐ 一般在讲解知识点之前会描述一个业务场景，吸引学员对接下来话题的兴趣。然后出一个让学员能够参与的思考题，提前激活学员的旧知识，并让学员充分思考；针对学员理解不一致或不完全正确的地方，引出重要知识点，为了加深理解，通常会举例说

明。讲解之后还要让学员做一个相应的练习，推动学员对知识点的转化。最后对学员的答案进行点评

□ 其他方法：＿＿＿＿＿＿＿＿＿＿＿＿＿＿＿＿＿＿＿＿

德国著名教育家第斯多惠有一句至理名言："教学的艺术不在于传授本领，而在于激励、唤醒和鼓舞。"作为面对成年学习对象的培训师，主要的角色除了做知识的传递者，更要做学习兴趣的激发者、学员的引导者。这两个角色对教学效果的影响有多大？我想先从一段往事谈起。

几年前，我在很短的时间内报名参加了两门自己一直特别感兴趣的课程，每门课程两天。自掏腰包时，我肯定是希望自己能将两门课程全程高能地跟下来，对得起自己的学费。但是往往理想很丰满，现实很骨感。那段时间有些累，第一门课程刚上课不到 1 个小时，我就睡着了。培训师在很努力地讲，我也想很努力地听，尴尬的是，他的语言仿佛一首完美无瑕的催眠曲，他讲了两天，我睡了两天，唯一能够记得的是，第二天下午进行了半小时的案例讨论。第二门课程，本来也没抱太大的期望，但两天下来我连打盹和溜号的时间都没有。是自己的状态发生了变化吗？我后来反思了一下，确实是。可到底是什么让我的状态改变了？是培训师的引导式教学。这种引导在课堂上激发了学员无限的潜能和动力，大脑、双手、双脚、五官都在不断地被调动，两天课程全程在欢声笑语中高能度过。虽然时间已远，但是课程中的高能画面在我的脑海中历久弥新，我想起了鸟语花香的教室、五彩斑斓的墙面、花样繁多的道具、喜笑颜开的面庞。更重要的是，我几乎轻松地记住了课程中的全部重点。这就是教学的艺术和魅力吧。

人们不和自己的数据争辩

在辅导企业内部业务专家开发课程的过程中发现：业务专家们的课

程很多时候已经被开发得很好了，干货满满；但未经辅导的专家总是忽略了学员的存在，他只会一个动作——"讲授"。单纯只有讲授，在真实的授课中屡见不鲜，而且风险性很大。美国著名的培训师鲍勃·派克（Bob Pike）研究发现，成年人的学习规律之一为：（人们不和自己的数据争辩）。意思是，人们会对自己得出的结论深信不疑，而对别人硬性强加的结论，总会提出各种各样的疑问及反驳。所以，有经验的培训师，都会引导学员自己得出结论。

同时，科学的教学流程可以充分地体现"以学员为中心"，用学员喜欢的方式，让学员成为课堂的主人。让学员参与到课堂中，最终目的是实现教学效果，同时可以实现的好处是营造轻松愉快的课堂氛围，让学员从"要我学"变为"我要学"的状态，进而促进教学相长。由于教学时间有限，并不是所有的知识点都需要设计完整的教学流程，但是重要知识点的讲授过程需要学员全程参与并融入。因此，授课之前，培训师首先要判断课程中哪些知识点属于重要知识点，以及学员的参与程度和教学效果是否成正比，并基于此设计科学的教学流程。

教学五部曲

在做企业培训师项目时，我听到过很多培训师有这样的反馈：

- 我的课程就是专业类课程，我没办法将它讲得生动有趣！
- 我也知道我讲得干巴巴，我也想和学员互动，比如我会向大家提问题，但是往往没有人回应我，这让我在现场很尴尬，只能自问自答。
- 学员的回答始终不是我想要的，不仅浪费了时间，我还得重讲一遍。

- 互动很浪费时间，明明 1 小时能讲完的东西，可能需要花 2 小时，我们没有那么多时间。

上述问题如何解决？让我们先来感受同一个知识点的两种讲法。该知识点为：什么是个人住房贷款？下面将模拟培训师授课的完整过程。

第一种讲法：

个人住房贷款，指的是银行用信贷资金向中国境内城镇购买、建造、大修各类住房和商业用房的自然人发放的贷款。在这个概念中，需要注意的是，除了购买，建造和大修照样可以申请个人住房贷款，且房子在中国境内。要注意：贷款方必须是自然人。

第二种讲法：

什么是个人住房贷款呢？

让我们先来做一个选择题：你认为下列哪些情况可以申请个人住房贷款呢？

A. 张伟是晨光公司的法人。2023 年 5 月，他以公司名义在无锡购买了一套住房，房主是公司，总房款 200 万元，首付款 80 万元，剩余款项打算向银行申请贷款。

B. 2023 年 6 月，小陈在成都市郊建了一套大瓦房，手里还差 20 万元的房屋建设费，打算向银行贷款。

C. 2023 年 7 月，李先生将自己位于上海的建于 1940 年的一处老洋房进行大修，修缮费用 500 万元，还差 200 万元，打算向银行申请贷款。

D. 2023 年 7 月，南京的王女士打算在美国为留学的女儿购买一处公寓，总房款 300 万元，手里还差 50 万元，打算向银行贷款。

让我们一起来看一下。选项 A 可以申请个人住房贷款吗？贷款可以，但是因为所购房屋在公司名下，所以不能申请个人住房贷款。选项 B 可以申请个人住房贷款吗？我听到有的同学说不行。这正是我想和大家强调的，其实建造房屋符合条件的也可以申请。选项 C 呢？是的，除了购买、建造，对房屋进行大修也可以贷款。选项 D 呢？我看到有的同学犹豫了，这个选项的关键是房屋的所在地，如果购买的房屋在中国境外，那么不能享受个人住房贷款。综上，让我们一起来看一下个人住房贷款的定义：

个人住房贷款，指的是银行用信贷资金向中国境内城镇购买、建造、大修各类住房和商业用房的自然人发放的贷款。在这个概念中，请大家注意个人住房贷款的三个关键动作（购买、建造、大修）和两个限制条件（中国境内、自然人）。

下面我们来做一个小练习。陈政是圆梦化妆品公司的法人代表，他想在广州购买一套住房自用，可否申请个人住房贷款？

（给学员 1~2 分钟的时间思考后，让学员发言，然后点评）我听到有些同学说"可以"，有些同学说"不可以"。根据刚刚我们所学的个人住房贷款的三个关键动作和两个限制条件可知，陈政在中国境内买房，房主是个人，属于自然人，可以贷款。有的学员质疑他是公司法人这件事，陈政是法人同时也是自然人，他有权利购买自用住房，只要房主的名字是他本人，和公司无关，他就符合个人住房贷款的申请条件，便可以办理个人住房贷款。

如果你是学员，你对哪种讲法更有感觉？第一种讲法，全程只有一个动作：讲授。第二种讲法，体现了完整的授课流程，称为"教学五部曲"——勾、探、讲、练、评（见图 19-1）。

图 19-1　教学五部曲

第一步：勾，抛一个问题。目的是吸引学员注意。当你讲到重要知识点时，学员的注意力未必在课堂上，所以需要用"勾"的动作吸引学员注意，激发学员的学习兴趣。最简单的操作方法就是抛一个问题，一个不需要学员立即回答的问题。问题的设计很简单，就是把将要介绍的知识点直接改为设问句。在刚刚的案例中，要讲的是个人住房贷款，所以问题是：什么是个人住房贷款呢？如果你要讲课程开发的流程，你可以问："课程开发，从前到后要经历哪几个过程呢？"如果你要讲倾听的五个层次，你可以问："听有哪几个层次呢？"

第二步：探，丢一个测试。试探学员对这个知识点理解到什么程度，激活学员的旧知识。激活旧知识是一个必要且重要的过程。第一，人的学习规律都是由旧知识走向新知识。打一个比喻，激活旧知识的过程，就相当于一个运动员参加比赛前热身的过程，热身动作做好了，才能更好地舒展身体，迎接更大的挑战。所以激活旧知识相当于让学员的大脑在学习新知识之前做好各项准备。第二，激活旧知识能够让培训师更好地了解学员目前对该知识点的理解程度，哪些地方理解得好，哪些地方完全不懂，便于更有针对性地调整接下来讲授的重点和深度。第三，激活旧知识可以让学员更多地参与到知识点的探索中，充分激发他们的好奇心和求知欲，或者说增加学员学习一个新知识之前的体验感，进而充分吊足学员的胃口，让他们带着浓厚的兴趣投入到新知识的学习中。这一步是五个步骤中最重要也是难度最大的一步。

前面一步已经提出了一个针对知识点的设问句，学员的大脑开始启动，但他们无法在短时间内找到一个相对靠谱的答案。所以，在"探"的环节，作为培训师，要给学员一些提醒和引导，或者说提供半成品，让学员想办法将半成品加工成成品。一方面，调动了学员参与的积极性，激活了学员的旧知识；另一方面，成果八九不离十，好比给的半成品是大米，做出来的饭不可能是馒头或饼。

　　比如，如果你要讲一个概念，你可以把关键词抠掉，让学员选词填空；如果你要讲一个流程，你可以把关键动作打乱，让学员排序；如果你要讲产品的特点，你可以给学员多个选择，有正确的特点也有错误的特点，让他们选择他们认为正确的；如果你要讲辅导的技巧，你可以先描述一个领导辅导下属的场景，把辅导的动作详细描述，让学员选一选哪些动作是合适的，哪些动作是不合适的；如果你希望学员理解概念和概念之间的关系，你可以给学员关键词，让学员将关键词连成一句话；如果你想让学员理解代码的正确编写方法，你可以给定一个具体的代码编写场景，然后给出四个选项，让学员判断哪一个代码的编写是符合规范的；如果你要考察学员对某一个法条或制度的理解，你可以描述一个工作中真实发生过的场景，让学员判断在这样一个场景下，哪一种对法条或制度的理解是正确的；如果你想讲一台发动机的内部构成，你可以把零部件和部件名称打乱给到学员，让学员用给到的零部件拼成一台完整的发动机，并对应到相应的名称；等等。

　　需要强调的是，在"探"的环节，半成品的提供分为两个境界：普通的半成品；更高阶一点的版本就是具有场景化的半成品，即让学员在一个具体的生活或工作场景中去领悟这件事情的定义、原理和操作等。比如，现在你想介绍的是银行柜员收到假币后的正确操作步骤，这个步骤可以设计为一个场景化的案例：银行柜员小张 3 月 20 日上午接待了一位外国友人，他在柜面存了 5 万美元现钞，结果小张发现其中有 3 张假币，于是小张告知了客户假币事由，填写了假币回收单，在 3 张假币上分别盖了假币印章，由上级签字后，将假币通知单发放给客户，并由客户签字，一式两份，客户和银行各持一份（该案例为内容讲解需要而编撰，如有雷同，纯属巧合）。需要学员思考，在上述过程中，小张的行为哪些是正确的，哪些是错误的并予以改正。

　　第三步：讲，讲一个要点。讲授的过程中，可以综合运用列数据、举例子、放视频等多种方式让学员全方位理解所要讲解的知识点。这一步不一定是大家做得最好的，但一定是最熟悉的，本书不做赘述。需要注意的是，企业中的课程面向的学员是企业员工，目的是让大家能够轻松应对工作中的工作任务。因此，除了抽象、枯燥的知识点，必须列举生活中的例子，一定要大量列举工作中真实发生的案例和场景，让学员有更强的代入感，进而更好地应用于工作中。这一步结束时，对于大部分技能类的知识要点，学员只能停留在理解和记住的层面，如果要达到运用的层面，必须还要有后面两步。

　　第四步：练，给一个练习。这一步的目的就是帮助学员将所学知识点进行转化，所以练习要从真实的工作场景出发，这也是这个步骤和"探"那个步骤的最大区别。比如，如果知识点本身抽象难懂，那么在"探"的环节，激活旧知识、设计场景化案例时可以重点考虑生活中的场景，对所有的成年人来说，生活中的场景大家更熟悉，更容易理解。而到了"练"的环节，千万不要再用生活中的场景，必须选择真实的工作场景，以强化学员在工作中的转化效果。举两个例子，如果你的课程是"辅导技巧"，受训对象是企业管理者，那么练习时千万不要找家长和孩子之间的辅导场景，要设计企业管理者给员工做辅导的具体场景；如果你要教会销售人员赞美客户，那么这个环节多设置一些销售人员日常和客户接触的、诸多可以赞美的场景做练习，不要让学员练习赞美家人、赞美同学、赞美下属等。

　　第五步：评，做一个评价。这一步是对学员练习的反馈，结合知识要点，给出参考答案即可。评价的时候分两种情况：第一种，学员的回答完全正确或基本正确，则给予高度肯定，并记得回扣一下知识点，加深印象；第二种，学员的回答有偏差或者有需要调整之处，也要先鼓励、肯定学员作业做得优秀的一面，可进一步就需要调整之处做出引导性的提问，启发学员重新思考，或者可以多让几个学员发言，然后让大家一起思考最后的那个答案。

需要注意的是：如果是对知识点的普通练习做点评，只需要给出参考答案，回扣知识点即可，不需要做多余的扩充；如果做的是案例分析后的反馈点评，一般建议在回扣知识点的基础上做一些延展性的点评建议。

教学五部曲示范

为了方便理解，下面通过一个例子来展示完整的重要知识点的教学五部曲。

先看一下授课场景。假设你现在是一个财务人员，你在日常工作中发现，大家对业务招待费的理解不完全准确，很多同事来报销的时候，和工作有关的餐费都按照业务招待费报销，这是不符合公司规章制度的。公司规定，实质性的公务、商务活动的接待费用才能计入业务招待费，否则都算公款吃喝。如果你想在课程中与大家强调业务招待费不能乱用的情况，可以按照"勾、探、讲、练、评"五个步骤进行以下的授课流程（下面将模拟在正式授课时实施五个步骤中培训师的话术）。

第一步：勾

餐费在预算范围内也会违规吗？

第二步：探

请大家思考下列做法是否违规，并说出你的理由。

刘晓光即将被派到外地工作，班子成员为其送行。10 人餐费共计 1000 元，酒水费用共计 200 元，按照公司业务招待费报销。其中，该公司餐费标准 100 元 /（人·餐）；酒水费用标准 50 元 /（人·餐）。

我发现大家比较困惑。在我们的日常工作中经常遇到这样的问题，大家觉得只要餐费不超标，就绝对不会违规，但事实上，这个案例的做法属于违规，因为这个餐费和酒水费用不允许记入业务招待费。

第三步：讲

下面让我们来看看到底什么是业务招待费。

业务招待费是指，企业因生产经营需要开展的有实质性的公务或商务活动的接待费用。

从上述概念中我们不难发现，业务招待费的要求是必须发生实质性的公务或商务活动，即实际的对外接待。

第四步：练

下面我们来做一个小练习：请大家判断下列哪些费用可以记入业务招待费。

A. 年底全体员工聚餐的费用

B. 员工因公到外地出差，途中产生的餐费

C. 企业到某酒店或山庄召开会议，中午安排的工作餐费用

D. 企业董事会安排董事们就餐产生的费用

E. 企业请装修工装修办公区，中午为其提供盒饭产生的费用

F. 客户来企业参访，中午销售经理邀请客户吃饭产生的费用

给学员时间进行思考，并邀请学员回答。

第五步：评

让我们一起来看一下答案。

答案 A，年底全员聚餐属于福利，其费用要列入福利费

答案 B，出差途中的餐费，要列入差旅费

答案 C，因召开内部会议产生的工作餐费用，应列入会议费

答案 D，董事会因会议就餐产生的费用，要列入会议费

答案 E，因办公室装修请装修工就餐的费用，应列入装修成本

答案 F，因公邀请客户就餐的费用，可记入招待费

通过这个案例，大家对这五个步骤应该已了然于胸。接下来的问题是：如果时间有限，五个步骤在实际授课中该做怎样取舍？我给大家的建议是：遇到重要知识点，完整地使用五个步骤是最理想的；非重要知识点，大部分情况是保留前三步，省略后两步。因为第一步非常简单，抛一个问题就可以完成；第二步是五个步骤的核心，不能省略；第三步是对知识点进行讲解分析，更不能省。当知识点不需要学员达到应用层面的掌握的时候，可以适当省略。大家不要觉得五个步骤操作起来很复杂，其中练习和点评的环节可大可小，比如做个选择题可以是练习，做个填空题也可以是练习，只是有些时候觉得非必要可省略。举个例子：

第一步：勾

什么是权责发生制？

第二步：探

我先给大家举个例子。假设你打算买一部新的手机，现在你有三个选择：第一，苹果手机最新款，它需要到官网预订，并且提前支付订金，但是不保证一定有货，如果缺货，则订金退回；第二，小米手机，一手交钱，一手交货；第三，vivo 合约机，没有现金手机便可先行使用，然后分期付款。那么请问，这个月记账的时候，哪一种购买手机的方式需要计入这个月的账期？第二种要计入吗？没错，这种一定要计入，因为钱已交，手机已经使用，买卖过程清晰明确。问题是第一种和第三种哪一种需要计入呢？我请选择第一种和第三种的学员，分别说一下你们的选择理由。到底谁选得对，让我们一起来看一下什么是权责发生制。

第三步：讲

权责发生制，字面的理解就是权利和责任都发生。当权利和责任都发生时，就需要记账。我们来看第一种情况，权利和责任发生了吗？没错，虽然交了订金，但是如果没货就会有退款发生，因此你尚未开始享受权利。而第三种情况，虽然你尚未支付全款，但是使用手机的权利已经拥有，买方的分期付款责任也随即产生，因此需要记账。

以上案例由于知识点简单，故只展示了前面三个步骤，省略了练习和点评两个步骤。当然，如果做练习，可以用工作中的实际场景进行练习。正如前面提到的，抽象难懂的知识点，"探"的环节选择生活中的场景，"练"的环节选择工作中的场景。

从一到五，和无趣说再见

对于完整的授课步骤，经常有培训师担心原本授课的一步直接变成五步，这是一件很浪费时间的事情。这个观点是一种正常的担心。授课的目的是在有限的时间内实现教学效果，而不是看谁讲得多、讲得快；"讲了五个重点，学员都学会了"同"讲了二十个知识点，学员都忘掉了"相比，可能前者才是培训师要追求的境界。至于时间，由一步到五步，由填鸭式教学到互动引导式教学，我们要强调的是缩短培训师讲授的时间，增加学员在课堂上的参与度。原来的课程1小时，培训师讲1小时，现在要通过教学流程的设计，让学员参与20~30分钟，剩下的由培训师讲解。所以时间并不是五倍的增加，而是将"100%的时间自己讲"改成"60%的时间自己讲"。

⊚ **小练习　授课场景：你即将给公司新员工讲解赞美同事的三个技巧。**

- 赞细节：指不要泛泛而谈，要抓住具体的细节向对方表达赞美。
- 上价值：将对方的某一点放大，并上升到一定的高度，让对方觉得他做的这件事非常有价值。
- 谈感受：适当地表达自己的感受，让对方感受到赞美的真诚。

  请你按照"勾、探、讲、练、评"五个步骤完成该知识点的讲解。

法国著名雕塑家罗丹说："世界从不缺少美，而是缺少发现美的眼睛。"我想说："我们身边从不缺少优秀的经验，而是缺少敢于将优秀经验立即应用的勇气！"从自我做起，从现在开始，和"无趣"的教学状态说再见！

✿ 本章小结

本章我们和大家分享了重要知识点的授课五部曲：勾、探、讲、练、评。在本章中，大家需要重点掌握的有以下三点。

1. 用完整的教学流程授课的终极目的是什么？

   _____

2. 哪个步骤是五部曲中最难、最重要的一步？为什么？

   _____

3. 抽象难懂的知识点和普通知识点在第二步和第四步的操作上有什么差别？

   _____

CHAPTER 20
第 20 章

精湛的结尾技巧

💡 思考一下：

在课程快要结束的时候，你是如何结尾的呢？可以在下面符合你做法的选项上打钩：

☐ 布置作业

☐ 问答环节

☐ 感谢学员

☐ 直接下课

☐ 其他方法：_____

一个好的课程结尾可以让学员对课程有更深的印象，同时更愿意学以致用。

你可以从这 3 个方面做结尾设计：回顾总结、号召行动、感性升华。

回顾总结

在课程结尾进行回顾总结时，培训师可以把所讲的重点内容再次强调给学员，也可以用思维导图来展示课程全貌，这样能够帮助学员回顾所学的知识点，增强记忆。如果想让回顾总结做得有趣一点，可以加一些互动测试的环节，检验学员的学习效果，同时让学员参与到课堂中。

如果想测试学员对于知识点的掌握情况，可以采用"车轮战"，先给学员 3 分钟时间，让他们以小组为单位快速回顾所学内容。然后组织各组按规则出题和答题：一组出题二组答，二组出题三组答，三组出题四组答，以此循环。答对了给答题组积分奖励，答错了给出题组积分奖励，没题出了直接给答题组奖励。一般开展两三轮即可。学员既能快速复习所学知识，又能参与到活动中。

如果想测试学员对技能的掌握情况，可以直接安排学员动手操作并进行考核，同时需要考虑测试材料、场地、时间等是否能满足考核需求。如果这些难以实现，也可以设计一些题目让学员抢答。

如果想测试学员的综合能力，可以出一些案例分析的题目，让学员以小组为单位进行研讨，并派代表展示成果；还可以让其他小组学员进行点评，培训师进行最后的综合点评。

号召行动

"知道容易，做到很难"，号召行动的目的就是让学员更有意愿把所学的知识转化到实际行动中。在这里给你推荐两个方法。

1. 5-3-1 模式

让学员写下 5 个培训收获、3 个行动计划和 1 件马上要做的事。前面做回顾总结能使学员对所学内容加深印象；让他们写培训收获，可以从所学内容中找到对自己工作最有帮助或者自己感触最深的内容，更有利于未来的落地实践。行动计划可以让学员写得具体一些，符合 SMART

原则，后续让培训管理人员或学员的直接领导对其进行成果跟踪，那么培训转化率就更高了。学员写马上要做的事时，更需要关注是否可实现、可执行，并且对前面的行动计划产生推动作用。

2. 收获圈模式

让学员围成一个圈，分享今天的收获和感悟，每个人1分钟，并说出下一步计划，其他学员给予赞美和鼓励。用这个方法需要控制时间，如果人数太多，可以分组进行，学员在组内分享，然后每组派代表发言。

感性升华

想一想，在课程的结尾，你期望学员的情绪是怎样的走势？是情绪高涨，还是平静如水抑或是情绪低沉？一般情况下，课程结尾时需要让学员情绪高涨。因为在结尾时把学员的情绪拉起来，会使他们对课程的印象和感受更加深刻。感性升华的设计，就能达到这个效果，不过难度也是结尾设计中最难的。感性升华就是把课程内容站在更高层面进行升华，告诉学员其精神层面的意义，让学员触动，更有意愿进行改变。在这里给你推荐4个方法。

1. 名人名言

根据课程内容，找一段名人说过的话或者广为流传的话。这段话需要具体一些，并且不是太直接的，学员需要理解一下，才会有更深刻的感受。比如，讲食品安全的培训师，可以用"民以食为天，食以安为先"升华，这句话是广为流传的话，这句话前半段经常听，后半段听得少，细细品来，感觉非常有道理，学员的印象也会更深刻。讲管理课程的培训师可以用杰克·韦尔奇的"你们知道了，但是我们做到了"升华，通过这句话来表达"做到比知道更为重要"。今天学员学了新的知识和技能算是"知道了"，未来要落地应用才算是"做到了"，一定程度上能触动学员的内心。

2. 流行语

有些名人名言学员听过，缺乏新鲜感；有些名人名言过于严肃，难以打动年轻学员的心。这时候就可以找一些流行语，可以从网络、电影、电视剧、短视频、新闻、广告中来找。比如，有一次我在给某银行上课时，有一位培训师讲的是"电话营销技巧"，结尾时用了知名电影《当幸福来敲门》的一句台词"每一通电话都是一线希望"来升华。即便是银行业的电话营销人员，也经常被客户拒绝或者直接挂断，而这句台词不仅能够使他们体会到电话营销人员的苦，也能给他们更多的正能量。

有些流行语如果直接照搬的话，不能完全表达培训师的意思，这时可以进行加工和修改。比如，有一次我在给某城市地铁公司上课时，有一培训师讲的是"车站人员服务技巧"，结尾时用"还是熟悉的味道，还是同样的套路"来升华。这句话来源于加多宝的广告语"还是原来的配方，还是熟悉的味道"，培训师把"套路"这个词加入话中，想表达的是服务人员的服务模式和技巧很多都是一样的，需要付出更多真心才会收获乘客的认同。"套路"在这里略显俏皮，给学员眼前一亮的感觉，培训师进行详细释义之后，学员的印象也会更深刻。

3. 扣题说

如果现有的名人名言和流行语都无法匹配到你的课程中，可以尝试自己总结一段话，其关键点在于这句话既要打动学员，也要非常贴合课程，这就比较考验培训师的文字功底。比如，有一次我在某城市产业集团上课时，有一位培训师讲的是企业服务类的课程，结尾时讲道："在这里，我用一张自己拍摄的图片作为结尾，图片所展示的就是在我们的支持下，从一片荒草中建设起来的一个工业项目。每每看着这张图片，一种使命感就会油然而生。我们城市的发展、产业的升级、企业家的梦想需要靠这些新的产业项目去推进。作为基层服务者，我们要不断提升自己，和日月星辰一起见证企业的成长。"这段话不仅道出了企业成长之路，也说明了基层服务人员的坚守，既能打动人心，又能扣题，做了很好的升华。

4. 情怀说

这是难度最大，也是最能打动人的升华技巧。在结尾的时候，用一段内容描述让学员回归初心，从更高层面思考课程的含义。比如，我在担任"城轨好讲师"大赛评委时，有一位选手讲的是消防安全的课程，在比赛中她虽然拿了灭火器、防毒面具等很多道具，也加了颇多的课程设计，但是由于这个课程内容司空见惯，评委和观众并没有被打动。但在课程结尾时，她用一张地铁工作人员灭火的照片做背景，讲道，"作为地铁员工，在遇到紧急情况发生时，要学会做一名逆行者"，短暂停顿后继续讲道，"但我们希望，每一位逆行者都能够平安归来"。简短的一句话让评委和观众颇为感动，现场也是响起了热烈的掌声。

到这里，结尾设计就介绍完了。结尾设计时你可以结合自己的实际情况来提供一些技巧和案例。结尾的时间不宜太长，如果是 3 小时的课程，建议控制在 10 分钟以内。可以根据课题和学员情况，主要在"回顾总结"和"号召行动"这两个环节做好时间计划。

✿ 本章小结

本章主要分享了课程结尾的设计技巧，你可以结合个人情况，做出以下思考：

1. 在你听过的课程中，哪位培训师的结尾让你印象最深？为什么？

_____

2. 根据你最近准备讲的一门课，做一个回顾总结的设计。

_____

3. 根据你最近准备讲的一门课，做一个号召行动的设计。

_____

4. 根据你最近准备讲的一门课，做一个感性升华的设计。

_____

和你的学员深入交流互动

读书使人充实，思考使人深邃，交谈使人清醒。

——富兰克林

CHAPTER 21
第 21 章

多样化的教学活动设计

💡 思考一下

    你知道下列哪些课堂教学活动的操作要求和方法？又有哪些是你在过去的实际授课或者分享中实操过的？

☐ 问答

☐ 两人分享

☐ 分组讨论

☐ 案例教学

☐ 示范教学

☐ 视频教学

☐ 角色扮演

☐ 剧本杀

☐ 群策群力

☐ 其他：＿＿＿＿＿＿＿＿＿＿＿＿＿＿＿＿＿＿

    上述教学活动形式，无论你知道或操作得多或者少，本章都会给你答案，帮助你在课程设计过程中，能够运用更加丰富的形式进行教学活动，让课程"活"起来。

走近"教学活动设计"

"教学活动设计"对培训师来说是一项非常重要的技能，是课程从完整到精彩的必经之路，本章将会从两个方面来为大家解析教学活动设计。

第一方面是五种传统教学活动设计方式，第二方面是三种新型的教学活动设计类型。我们特意统计和梳理了铭师坊过往十余年在辅导课程开发成果中使用频率最高的五种传统教学活动设计方式和近些年比较流行的三种新型教学活动设计类型。我们将从活动定义、规则、流程、适用场景等方面为你全面解读，还会展示对应的丰富案例。

通过阅读本章，你可以有更加开阔的视野、更加清晰的思路，并能够基于不同的教学场景灵活地单独或者联合使用多种教学活动设计形式，丰富教学设计，助力学员在培训场域内有更好的体验和收获。

传统教学活动设计

1. 小组讨论

（1）活动定义："参与式"的活动形式。根据课程要求，将受训学员分成 4~10 人一个小组，选出小组长带领讨论（见图 21-1），可以轮流也可以固定，要求学员共同参与讨论与学习（一定要有全员逐一发言的环节），并在规定的时间内形成统一意见，给出某种结果。

图 21-1　小组讨论座位图

（2）活动流程如表 21-1 所示。

表 21-1 活动流程

序号	流程	重点内容	备注	建议时长
1	开场介绍	背景、时间、流程、重点问题	强调需要思考的问题	1 分钟
2	组内思考	保持安静，避免相互打扰	—	3~5 分钟
3	组内分享	逐一分享	全员参与	3~5 分钟
4	意见统一	相互讨论并形成组内统一意见	充分讨论	5~8 分钟
5	班级展示	派出代表进行成果展示	建议轮流上台	2 分钟 / 组

（3）活动的优劣势。优势：可以激发学员自我表达，有利于提高学员分析问题的能力，有利于学员相互学习，有利于知识和经验的交流。劣势：内容需要提前准备，效果受培训师的水平影响，学员难以系统掌握知识和技能。

（4）建议场景：现场学员人数较多，需要全员参与，需要统一意见等。

（5）案例展示：

通过本次学习，相信大家都对课程开发有了全面的了解。课程最后我们来进行一个小活动，请大家对本次课程的重点内容进行总结回顾，并梳理出小组共同认为印象最深刻的五点，然后进行全班展示。梳理的内容可以是课程知识点，也可以是学习知识点之后的感受，还可以是接下来的行动计划。

活动时间 10 分钟，大家开始吧！

我将在哪些教学场景中运用到这种教学活动？

2. 案例分析

（1）活动定义："探索式"的活动形式。以小组为单位，基于培训师提供的案例背景、事件、问题等信息，使学员通过讨论分析提出解决问题的不同方案。

（2）案例撰写的四个要素。在案例撰写和教授的过程中，以下四个方面是必不可少的：其一是背景，描述事件发生的时间、地点、技术条件、市场环境、人物（人群）特点等体现事件典型性的背景条件；其二是事件（过程），对事件过程进行描述，包括对相关过程、动作、措施、反应等事件内容的记录，能够有一定的冲突效果；其三是问题（冲突），提炼出案例意图和讨论的主要议题，不超过三个问题；其四是解决方案，这一部分通常由学员讨论得出，也可以由老师先提出不佳甚至是错误的解决方案，让学员们通过讨论得出最优方案。

（3）案例设计的四个属性。在案例设计的过程中，我们同样需要关注其四个特点：第一是现实性，需要考虑学员已有的条件、已掌握的知识；第二是真实性，案例需要来自实际环境或学员身边熟悉的例子，以现实为导向；第三是难度性，如果案例太难，学员很难参与，如果案例太容易，结果一猜便知，也失去了案例的价值；第四是未来性，我们选择的教学案例一定要对今后学习或者工作有指导意义。

（4）操作案例教学的七个注意点：①案例背景要交代清楚；②需要确认学员是否已理解所谈论的问题；③一定要邀请所有小组发言；④如果有高层领导或者专家在场，在学员充分讨论和发言后，再请高层领导和专家压轴发言；⑤培训师在整个讨论过程中要保持中立；⑥引导过程要观察学员的表现；⑦最后再给予总结并导出学习重点。

（5）活动流程如表21-2所示。

表 21-2　活动流程

序号	流程	重点内容	建议时长
1	了解案例背景	背景、时长、分工、呈现方式	1~2 分钟
2	组内思考与讨论	读题、思考、讨论、梳理	3~5 分钟
3	小组发言	依次陈述，分享讨论结果	1~2 分钟 / 组
4	"翻牌"点评	引导、归纳、提出关键点	1~2 分钟 / 组
5	给予方法论	梳理步骤、话术、工具	5~8 分钟

（6）活动优劣势。优势：聚焦问题，解决实际问题；团队作业，集思广益；参与感强，激发学习兴趣；启发学员思考与表达；交互交流，引发思想碰撞；自己总结得出结论。劣势：耗费时间较多；人数不多的情况下难免产生结果偏差；环境要求高，辅助资料多。

（7）建议场景：项目复盘、解决方案 / 计划制订、标准流程 / 步骤输出等。

（8）案例展示：

我行某客户张某前期在我行开立了商卡，同步注册开通了印章证书版网上银行和手机银行，开卡当天申购理财 80 万元。近期，张某被其单位安排到巴西出差三个月。日前，张某从巴西致电开户网点，表示其开户时购买的理财即将到期，到期后必须将资金转出，但其出差前忘记携带 UK 证书（USBKey 证书，为用户使用网上银行提供安全保证），证书密码也不记得，无法通过网上银行及手机银行渠道办理大额资金转账，故致电寻求帮助。请你提出解决客户实际业务需求的至少两种可行性方案。

我将在哪些教学场景中运用到这种教学活动？

3. 视频教学

（1）活动定义："欣赏式"的活动形式。学员在独立或者组队观看老师准备的视频片段后，对相应问题进行分析、讨论和解答。

（2）活动流程如表 21-3 所示。

表 21-3　活动流程

序号	流程	重点内容	建议时长
1	背景介绍及问题提出	视频背景、重点问题	1 分钟
2	观看视频并再次提问	—	3~5 分钟
3	组内思考及分享	独立思考、逐一分享、统一意见	3~5 分钟
4	班级展示	派出代表进行成果展示	2 分钟 / 组

（3）注意事项：要选择符合事宜的视频，同时，也要考虑到视频是否适合在课堂氛围下播出；视频尽量控制在 5 分钟左右，最长不能超过 8 分钟；观看视频前要提出问题，让学员带着问题学习，看完视频要强调一遍问题，再进行讨论。

（4）活动优劣势。优势：生动形象；激发学员的兴趣；视听的教材可反复使用，可针对差异性调整。劣势：要花较多时间和精力来准备，受设备和场地限制，选择合适的视听教材不容易。

（5）建议场景：人物性格分析、标准化流程分享、榜样学习等。

我将在哪些教学场景中运用到这种教学活动？

4. 示范教学

（1）活动定义："传承式"的活动形式。在老师的带领下，课堂现场将基于某项技能，完成讲、练、评、考等环节，形成教学闭环。

（2）活动流程如表21-4所示。

表21-4　活动流程

序号	流程	重点内容	建议时长
1	前期准备	相关物料准备、背景介绍	—
2	重点说明	子步骤、要点、成功标准、难点及易错点	3~5 分钟
3	现场示范	放慢速度进行完整示范（可同步说明）	3~5 分钟
4	现场观察	学员讲的和你教的是否一致；出现了哪些你没教的情况；哪些要领没掌握	10~15 分钟
5	复盘指导	针对性改进，并让其继续练习	8~10 分钟

（3）活动优劣势。优点：现场展示与练习，有助于激发学员的学习兴趣；老师可以即时观察和训练反馈；对提高学员技能立竿见影。缺点：对每个学员的尝试给予反馈，相对费时；有些时候需要准备道具，适用范围有限。

（4）建议场景：操作型技能知识点学习、销售话术分享、服务标准复刻等。

（5）案例展示：

如果让你教会另一个同学"系领带"，你会怎么做？请结合示范教学的五个步骤进行教授流程提炼。

1. 前期准备：

2. 重点说明：

3. 现场示范：

4. 现场观察：

5. 复盘指导：

我将在哪些教学场景中运用到这种教学活动？

5. 角色扮演

（1）活动定义："演绎式"的活动形式。老师基于课程需要设计好相应角色，并准备相对应的剧本；学员基于剧本对角色进行扮演，结束后大家进行讨论、分析和汇报。

（2）活动流程如表21-5所示。

表21-5　活动流程

序号	流程	重点内容	建议时长
1	背景描述	相关要求、活动背景介绍	1~2 分钟
2	角色分配	基于角色需要选择角色并组成小组	1~2 分钟
3	活动实施	熟悉对应角色的剧本，并进行角色扮演	5~10 分钟
4	讨论分享	优劣势、感悟、未来计划	10~15 分钟
5	总结提炼	梳理步骤、话术、工具	8~10 分钟

（3）活动优劣势。优势：情境带入感非常强，在扮演者较投入的情况下教学效果会非常好。劣势：需要有比较详细的前期设计，学员对情境及角色认知必须深入；耗费较多时间。

（4）建议场景：沟通、对话、客诉、销售等。

（5）案例展示：

两人一组，分角色进行演绎，并思考张总监和小 A 在沟通方面有什么问题，如需避免类似问题，要做哪些调整。

剧本如下：

小 A：张总监，您要求我们在华南做销售时也顺便调查咱们工厂原料的事情，我现在总算有些眉目了，跟您说一下？

张总监：这事？都两个星期了，你也没有动静，我以为你顾不上，早就安排西南方面的人去弄了！

小 A：啊？我想着好好落实，一直在找渠道、找货源啊！不是要弄明白了才跟您好说吗？

张总监：你早干吗去了！？

我将在哪些教学场景中运用到这种教学活动？

以上为大家分享的就是常用的五种传统教学活动设计的要点，每一种教学活动设计都经历过无数次的教学实践验证，都能够帮助我们的课程从单纯灌输转向效果更佳的师生共创方向。但以上五种传统教学活动使用频率较高，为避免学员因多次参与同类活动后降低学习兴趣，建议大家在对自己的课程内容进行教学活动设计时，可以基于学员情况和培训场景进行部分定制化的设计。比如：在做案例教学时，设计案例的背景和问题可以和企业背景及学员面临的实际情况相结合；在做视频教学时，可以找到学员代表重新拍摄视频，在丰富教学活动形式的同时增加新鲜感，从而推动学员更加积极地参与课堂教学。

本章的后半部分，我们把时间和视野往前推，一同来学习、研究和探讨新环境、新背景下的新型教学活动设计。

新型教学活动设计

时代在不断进步，参与培训的学员的成长背景也在不断变化，随着"95 后"和"00 后"进入职场以及"95 前"参与的各类培训逐渐增多，他们对培训活动形式的要求也逐步提高，传统的教学活动显然已经不能完全满足大家对培训的期待。

在多年的课程开发、设计与教学实践过程中，我们也在不断地探究和创新。我们发现，一些新的词汇开始走入大家的眼帘，并且逐渐形成一定影响，比如游戏活动、大数据、引导技术等。对此，我们进行了多轮次讨论和梳理，形成了对新型教学活动设计的认知，并逐步将其融合到平时的课程讲授中。

接下来要为大家分享的是我们梳理的三大类新型教学活动设计形式，分别是游戏化教学、引导式教学和数字化教学。我们将从具体表现、活动细节和相关建议等方面为大家展开来分享。

1. 游戏化教学

（1）教学沙盘。

1）活动定义："纸上谈兵式"的活动形式。"沙盘"原指用大盘子盛细沙，以模拟山河地形的教学或训练用具，多用于军事、地理等教学场景。"教学沙盘"则是将实践场景与教学课堂进行结合，学员自由组成团队，老师讲授课程知识，学员则基于团队经验和教授知识点进行沙盘模拟，还可进行多团队 PK、一对一辅导、成果验收及项目复盘等，帮助学员进行学习内容转化、应用场景模拟、预期结果产出等一些学以致用的实践。

2）活动流程如表 21-6 所示。

表 21-6　活动流程

序号	流程	重点内容	建议时长
1	背景描述及导入	活动目标、活动背景介绍	10 分钟
2	规则学习	相关细则学习与问题解答	10~15 分钟
3	团队组建	根据要求组建团队	3~5 分钟
4	策略讨论	讨论与梳理具体的行动策略	10~15 分钟

（续）

序号	流程	重点内容	建议时长
5	物资采购	沙盘所需物资采购（根据沙盘要求）	8~10 分钟
6	开始行程	具体的沙盘过程体验（过程总结或辅导）	30~90 分钟
7	讨论分享	对活动过程的重点、感悟、收获进行分享	10~15 分钟
8	总结提炼	梳理步骤、话术、工具	10~15 分钟

3）活动优劣势。优势：学员深度学习，体验感好，参与度高；多小组 PK 能激发竞争意识；课堂氛围相对轻松。劣势：前期物料准备耗时耗力，对参训学员的专业度及参与度要求较高。

4）建议场景：经营发展、管理能力、沟通谈判等场景。

我将在哪些教学场景中运用到这种教学活动？

（2）"剧本杀"。

1）活动定义："沉浸式"的活动形式。"剧本杀"起源于西方宴会实况角色扮演"谋杀之谜"，这是一种体验推理性质的项目。剧本杀的规则是：玩家先选择人物，阅读人物对应剧本，收集线索，并通过多轮次的交流碰撞找出活动里隐藏的真凶。剧本杀可基于课程主题与培训的深度融合，依托更加丰富的情节设置、更加系统的体验流程以及深入的体验感知，帮助参训学员对课程想要传递的知识点有更全面的认知，并且感悟更深刻。这种活动形式深得"95 后"学员的喜欢。

2）活动流程如表 21-7 所示。

表 21-7 活动流程

序号	流程	重点内容	建议时长
1	背景描述	相关要求、活动背景介绍	3~5 分钟
2	选角及熟悉剧本	选定并熟悉各自脚本	5~10 分钟
3	活动实施	各自扮演对应角色，并进行多轮次讨论沟通	30~90 分钟
4	讨论分享	复盘过程，找出关键问题	10~15 分钟
5	总结提炼	导出主题，提炼知识点	10~15 分钟

3）活动优劣势。优势：学员可以深度参与，感悟真实且深刻；用游戏的方式进行教学，课堂氛围会更好；与当下热门游戏关联，深受年轻学员喜爱。劣势：写剧本工作量巨大，对编剧的要求非常高；活动耗时较长。

4）建议场景：服务类、销售类等较复杂的综合场景。

我将在哪些教学场景中运用到这种教学活动？

---

2. 引导式教学

（1）聚焦式会话。

1）活动定义：聚焦式会话（ORID）是引导人们经历一种发散与聚焦相结合的"发现对话"，帮助人们一起思考。它由一位促动师或者掌握促动技术的领导者、管理者主持，通过提出四个层次的问题让与会者回答，让这些问题的答案把人们从话题的表象带入他们工作和生活的深层含义里。

2）结构框架如图 21-2 所示。

3）整体逻辑：数据层面是指关于事实和外部现实的问题；体验层面是指个人对数据的内在反应，有时是情感或感受，以及隐藏的想象或与事实的联想，无论何时，我们遇到外部的现实（数据或者客观事实）时，都在经历内在反应；理解层面是指挖掘出具有意义、价值、重要性和内涵的问题；决定层面是引导出能够使对话结束，且能让人们对未来做出决定的问题。

理性目的：想要得到的具体成果	感性目的：希望团队经历的体验	
开场白 欢迎大家 目的说明	**理性目的：想要得到的具体成果** 这个团队需要学到什么、了解什么或决定什么，需要产生什么结果	**感性目的：希望团队经历的体验** 团队需要体验到什么 例如：兴奋、对新想法感到非常好奇、无限的可能性	**结束语** 反思、评估、感谢、鼓励

| **数据层面**
Objective
这些问题从以下的感官所获得：
·看到的
·听到的
·触碰到的
·闻到的
·尝到的 | **体验层面**
Reflective
·情绪的反应
·他们对某些事情或话语的感觉，例如，什么令他们生气、兴奋、好奇、恐惧等
·与过去经验的联想 | **理解层面**
Interpretive
·意义与目的、信仰
·焦点主题的重要性与价值
·参与者在生活中经历过哪些故事，被用作讨论时的诠释 | **决定层面**
Decisional
·我们可以做什么
·我们下一步的行动
·我们创新的行动步骤
·我们怎样开始行动会最好 |

图 21-2　ORID 结构框架

4）建议场景：项目复盘、阶段总结、计划制订等场景。

5）案例展示：

场景一：

【年度总结】

情境

年终来临，你和员工准备依据本年度业绩来制订明年的计划。你想总结这一年的经历。

理性目的

总结过去一年的收获并运用于来年工作。

感性目的

感谢和肯定员工一年来的工作与成长。

开场白

在制订明年的计划之前，让我们一起总结一下过去的一年吧（可用幻灯片回顾一年来的客观数据，如财务信息、销售统计、顾客信息和人力资源状况），如图21-3所示。

数据层面	体验层面	理解层面	决定层面
·过去一年你经历了哪些大事 ·我们做过哪些项目你还记得哪些事？例如过去一年我们曾经历的重要会议、讨论或做出的重大决定	·一年中哪些事情让你比较兴奋 ·什么时候你感到遭受了挫折和打击 ·哪些事对你有很大的影响 ·哪些事改变了你的想法或感受	·从进展顺利的项目中，我们学到什么经验 ·在努力奋斗时期我们学到了什么 ·回顾过往，你怎样评价我们这一年取得的成绩	·过去一年的经验和学习收获对我们来年的工作有何影响 ·我们需要做出哪些改变

图21-3　年度总结示例

结束语

我们对今年进行了一次非常有意义的回顾，这让我们对过去的经历有了新的认识，相信大家都有同感。我会把这些体会整理并打印出来，再发送给各位传阅。

场景二：

【制订营销计划】

情境

市场营销部准备制订今后三年的市场营销计划，他们正举行首次讨论会，回顾前三年的市场项目。

理性目的

明确前三年成功和失败的经验，共享信息。

感性目的

肯定前三年的工作成绩，祝贺团队已取得的经验。

开场白

公司要求我们三年后达到Z点，我们要探讨如何达到这个要求。首先我们要回顾过去三年的工作，看看我们可以从中吸取哪些经验教训，哪些是做得对的，哪些是我们的失误；同时也要感激各位伙伴能够在这三年时间里并肩作战（见图21-4）。

结束语

这次讨论会很具挑战性。我认为它为我们制订计划营造了一种合适的气氛，感谢各位伙伴的真诚分享。

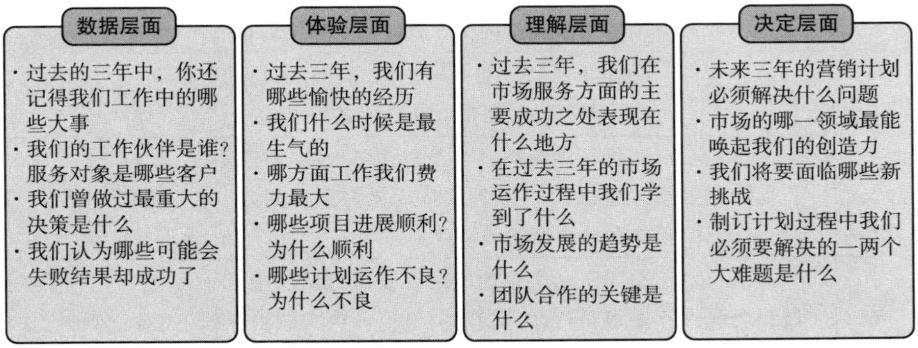

数据层面
· 过去的三年中，你还记得我们工作中的哪些大事
· 我们的工作伙伴是谁？服务对象是哪些客户
· 我们曾做过最重大的决策是什么
· 我们认为哪些可能会失败结果却成功了

体验层面
· 过去三年，我们有哪些愉快的经历
· 我们什么时候是最生气的
· 哪方面工作我们费力最大
· 哪些项目进展顺利？为什么顺利
· 哪些计划运作不良？为什么不良

理解层面
· 过去三年，我们在市场服务方面的主要成功之处表现在什么地方
· 在过去三年的市场运作过程中我们学到了什么
· 市场发展的趋势是什么
· 团队合作的关键是什么

决定层面
· 未来三年的营销计划必须解决什么问题
· 市场的哪一领域最能唤起我们的创造力
· 我们将要面临哪些新挑战
· 制订计划过程中我们必须要解决的一两个大难题是什么

图 21-4 营销计划示例

我将在哪些教学场景中运用到这种教学活动？

（2）群策群力。

1）活动定义："群策群力"是指大家共同想办法，一起出力。在工作坊执行过程中，由一位引导师主导整体流程节奏，学员们组队选定困扰工作的难题，根据活动流程进行深入研究，多轮探讨后产出行动计划，并进行现场汇报展示。

2）活动流程如表21-8所示。

表 21-8 活动流程

序号	流程	重点内容	建议时长
1	共启愿景	通过绘画的方式描绘项目成功后的景象或庆祝方式	5~10 分钟

（续）

序号	流程	重点内容	建议时长
2	分析现状	用 SWOT 矩阵，从优势、劣势、机会和威胁四个视角分析课题当前面临的现状	10~15 分钟
3	主动承诺	对课题目标的达成做出承诺，如果完不成绩效目标愿意接受什么样的娱乐性惩罚	5~10 分钟
4	团队共创	用团队共创法共同讨论达成目标的行动策略，对行动策略建立充分的共识	60~90 分钟
5	行动计划	认领行动策略，并组成两三人的任务小组，将认领的行动策略转化为责任到人、具体、可操作的行动计划	90~120 分钟
6	城镇会议	与团队和高管组成的评委组对话，接受评委组对行动计划的质疑，并再次做出行动承诺	10~15 分钟 / 组

3）建议场景：业务计划共创与制订、业务难题解决方案及产出讨论等。

4）群策群力操作提示卡如图 21-5 所示。

我将在哪些教学场景中运用到这种教学活动？

（3）复盘。

1）活动定义："复盘"源自围棋，最初是指对下棋过程的重复，后来衍变为一种对项目或者事件进行总结回顾的方式。通常是指在引导师的带领下，对事项的起因、经过、结果及影响进行完整的回顾总结和提炼梳理的过程。

2）活动流程如表 21-9 所示。

课题	务实的成果： 发觉并笃定必要的行动步骤		经验客观： 感受我是胜者团队的一分子	回应
我们要制订行动计划：举办庆祝会或竞赛会 列出时间表及进度 设定进程阶段 重复所决定的…… 何人（谁） 何事（什么） 为何 何时 何处 写在大白纸的中间	1.愿景——决定成功结果 　询问：当完成专案之后想象那一刻的成功景象，你所看见的、所感觉的、所听见的，写在大白纸中间的圆圈中 2.SWOT分析——目前实际状况 　列出我们目前的优势和劣势，探讨潜在的机会和影响成功的威胁，将这些想法记录在大白纸上 3.承诺 　重新读所列出的要素：目前的实际情况透露的什么信息可以让我们赢得胜利？记录总结，把回应内容写在另一张大白纸上	4.关键行动 头脑风暴 　每位成员最少头脑风暴出五项行动，然后每组至少分享两个想法，再将想法卡片贴在白板或墙上 组织及命名 　将行动想法组织成数个群组，然后根据群组的意义进行命名，让执行工作小组可以执行 成员自主组成工作小组 　组成行动工作小组并加入工作	5.行动计划——日程表及指派工作行动任务计划 　把胜利成果的实现日记录在日程表上，然后将日程表时间划分成各个行动群组进行的时间。追踪行动计划，按"开始""继续进行"和"达成"依次排开 任务报告 　工作小组将他们的计划写在卡片上，并做评估和调配活动 团队成员角色全局协作，全力以赴赢得胜利 6.城镇会议——现场PK决策	根据我们的经历，你产生的最终的想法是什么？ 什么事让你感觉到有所突破？ 你想要实现的是什么？ 创立一个富有吸引人的题目、具有冠军意识的名字或栩栩如生的具象化形象，激励完成任务 达成这些行动的意义是什么？

图 21-5　群策群力操作提示卡

表 21-9　活动流程

序号	流程	重点内容	建议时长
1	回顾目标	整体／阶段目标、完成进度、完成比率等	15~20 分钟
2	评估结果	分模块梳理对应目标和完成情况	20~30 分钟
3	分析原因	亮点、不足、变化项、标杆做法等	60~90 分钟
4	总结规律	经验反思和规律总结	60~90 分钟
5	下一步计划	下一步行动计划、重点项等	90~120 分钟

3）建议场景：项目或事件回顾。

4）操作注意点：

• 分清目的与目标的不同，正确的目的保证目标的方向，清晰而适配的目标能更好地分解和保障目的的实现。

- 确定目的之外,最好能确定出可量化的目标或具有里程碑性质的标志。无量化或无考核的目标,很难保证目的的实现,也难以与结果对照评估。
- 事前所提目的、目标不清晰,复盘时追补清晰,以便于本次对照,进而提高下次定目标的准确度。
- 要与原定的目标相比较,客观分析意料之外的重要亮点或不足。
- 亮点与不足同样重要,不能弱化亮点,"过分谦虚要不得,忽略真本事更遗憾"。
- 多引入外部典型事实样本,让我们的结果评估视野更广阔、结论更客观。
- 分析成功因素时,多列举客观因素,精选真正的自身优势去推广。
- 分析失败原因时,多从自身深挖原因,狠挑不足和短板,包括要谨慎检视是否是因为当初目的、目标定立明显有误才导致失败,否则原因分析可能围绕着错误的目的、目标展开,事倍功半。
- 总结经验(规律)要尽可能扩大范围,寻求更广泛的指导性,尽量不局限于就事论事。
- 总结经验要谨慎,总结规律更要小心,不能刻舟求剑,把一时一地的认识当成规律。
- 行动计划要尽量详细地描述,将继续推荐的和需要调整的行动都进行明确标注和详细分解,助力后期执行。
- 执行要点:领导者(以身作则:带头做复盘,给下级传承),管理者(承上启下:先学会工具和方法,再带领团队实践并运用),普通员工(实际运用:学会方法和工具,在实践中应用并养成习惯)。

我将在哪些教学场景中运用到这种教学活动？

（4）教练圆圈。

1）活动定义："教练圆圈"本质是一种深度同频和互动的群体对话，简单来说，是一个小组对话的流程，能帮助我们调动集体智慧，从一个全新的认知层次来共同寻找解题思路。

2）活动规则：一群人围坐成一个圈，选择一位案主，案主提出一个当下遇到的最大的问题；其他人通过提问的方式，一起帮忙解决这个问题；教练圆圈中，除案主外的其他成员均是教练。

3）活动流程如表 21-10 所示。

表 21-10　活动流程

序号	流程	重点内容	建议时长
1	导入	使用相关指导语，促使学员进入状态	15 分钟
2	选择案主	明确讨论的主题方向、讲解规则、选定主题	15 分钟
3	案主澄清问题	案主对选定主题的完整复述	15 分钟
4	教练提问	教练提问、案主回应，直至统一意见	50~80 分钟
5	镜像 / 隐喻	想象对应画面并描述	2 分钟 / 人
6	案主反馈	基于教练的画面谈自己的感受	8~10 分钟
7	互动 / 反馈	就前期讨论的问题进行延伸与拓展	10~15 分钟
8	新发现 / 行动	陈述意见、梳理行动任务及计划	10~15 分钟
9	导出	回顾总结	1 分钟 / 人

4）相关组织要求。

• **催化师**：需要对人员、分组、物资等进行充分准备；能够有效控场，及时纠偏。

• **学员**：放下手机，放下执念，全情投入，不批判、不打断。

- **场地**：根据参加人数的多少选择相当的会议室或培训室，不过
  于拥挤，也不过于空旷；活动场地要求比较安静，不易被外部
  环境干扰，如果有条
  件，在正式实施教练
  圆圈时，最好每组均
  有一个独立的、安静
  的空间；学员座位呈
  岛屿式摆放，可放课
  桌也可不放课桌（见
  图 21-6）。

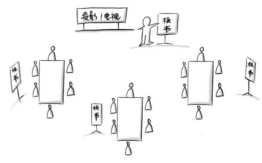

图 21-6　场地布置

- **分组要求**：

多元：岗位、职务、年龄、性格、性别混分。熟悉："距离"越远的
人，最好分在一个组。安全：有 KPI 的相关方、有矛盾冲突的人等不在
一组（在进行总结、规划类项目共创时，分组可以不考虑上述因素）；每
组 5~8 人为宜，每组最好有 1 位催化师加入。

5）建议场景：解决团队或个人遇到的相关问题；启发团队心智，锻
炼团队思维；对项目或相关工作进行复盘；团队或个人的总结与规划；
增强团队沟通，建立团队连接。

我将在哪些教学场景中运用到这种教学活动？

---

3. 数字化教学

"数字化"是目前教学活动设计的新趋势。从最开始的纸质媒体，到
后来的电视传媒，再到现在以小（小红书）、微（微信）、抖（抖音）、B
（B 站）为主的新媒体，屏幕越来越小的同时，传播效率越来越高。大家

可以通过一块小小的屏幕连接世界，随时随地能关注到最新消息。

随着参训学员习惯的调整和技术的更新，培训师的能力也需要进行相应迭代，我们不仅需要熟练掌握课程开发和教学设计技术，对于当下流行的技术也需要有一定的了解，比如各种教学相关小程序、App、直播技术、人工智能、大数据、元宇宙等。

在实际的课程讲授过程中，也需要加入更多的"数字化"元素，用更加精准和高效的方式为学员带来更好的学习体验。比如：利用小程序或者 App 进行线上实时调研、问答及数据统计，不仅可以让成果更直观，还可以减少人工、提高效率；在直播课程中，运用平台"标注"功能，可以让学员在对应区域画钩、连线，甚至是直接填写答案，让学员充分参与的同时，也能让直播讲师感受学员的存在，并高效统计结果，进而辅助课程讲授；线上讨论组、直播连麦、口令红包等数字化教学活动形式都在帮助我们的课程讲授提质增效。

我将在哪些教学场景中运用到这类教学活动？

教学活动点评

所有的教学活动，都建议有点评环节。点评环节最考验培训师对问题的研究深度以及对学员答案的理解程度。我们为大家提供两种常用的点评方式，用于不同的教学活动和教学场景。

场景一：

比较简单的教学活动，建议点评分为三步：您在 ××× 方面表现得非常棒；同时，我们也看到 ××× 方面有做得更好的方法；总体来说，还是相当不错的！我们又称这种教学活动点评方式为汉堡式点评。比如在完成一个小组分享后你可以这样说："感谢第二组伙伴的回答，第二组刚刚一共讲到了三点，非常具体而且有具体的案例展示；同时，我们还可以延展一下思路，看有没有第四个点的可能性，可以课后讨论下。总体来说，还是非常不错的！"

场景二：

相对复杂的教学活动，建议点评分为五步：总的来说……；值得欣赏（赞赏）的是……；可以提升的地方是……；如果……会不会好一些？希望……。比如在一次角色扮演活动结束后你可以这样说："感谢两位伙伴的精彩演绎，总的来说演绎得绘声绘色；不知道大家有没有看到，刚刚两位同学对人物情绪的塑造是非常生动和形象的；当然，因为活动的后半部分是自由发挥，所以两个人演绎得没那么自然；如果后半段能紧扣台本，现场效果应该会更好；希望接下来大家在演绎的时候更充分地熟悉台本，并充分体会过程中自己的感受。"

当然，虽然给大家提供了对应模板，但在使用的过程中也要结合情境丰富内容，同时可以结合自己的表达习惯做适当调整，使整个反馈更加自然和贴切。

我将如何梳理我的教学活动点评话术？

🎐 本章小结

"教学活动设计"是每堂课在开发和设计过程中的必由之路，是一堂课从有料有货到精彩纷呈的关键环节，更是每个培训师不可或缺的能力项。

本章为大家介绍了五种常用的传统教学活动设计以及三类新型教学活动设计，从活动定义、操作流程、适用场景等方面进行详细阐述，还为大家展示了两种教学点评的模板。本章旨在帮助大家了解不同教学活动的特点，清楚不同教学活动的适用场景，并能够将教学活动融入自己开发的课程中。在操作使用的过程中，请你结合课程场景需要进行教学活动设计，让课程的效果最大化。

1. 认知建立的三个环节分别是什么？

_____

2. 五种传统教学活动分别是哪五种？

_____

3. 教学案例的四个要素分别是什么？

_____

4. 示范教学的完整流程是什么？

_____

5. ORID 是哪种引导式教学活动的英文缩写？四个英文字母分别代表什么意思？

_____

6. "教练圆圈"教学活动设计的全流程是哪几步？

_____

CHAPTER 22

第 22 章

有效的提问技巧

💡 思考一下

作为一名培训师，我们在培训课堂经常用到一个技巧就是提问，那请问在培训课堂中提问的作用有哪些？（多选题）

A 收集学员的问题，能了解学员的水平如何

B 激发学员的兴趣，让学员对话题产生兴趣

C 引发学员的思考，促进学员深度思考问题

D 增加学员的困惑，让学员觉得课程有深度

提问的分类形式

说起提问，不得不说一件名人逸事——乔布斯用一个问题挖走百事可乐总裁。1983 年，苹果创始人乔布斯特别想将百事可乐总裁约翰·斯卡利邀请到苹果公司，与自己共事。然而，面对乔布斯的邀请，约翰·斯卡利考虑了许久，还是拒绝了乔布斯。

这时，乔布斯用一个经典提问让约翰·斯卡利加盟苹果公司。这个经典提问就是："你究竟是想一辈子卖糖水，还是跟着我们改变世界？"

1. 封闭式问题 vs. 开放式问题

封闭式问题一般指事先设计好了各种可能的答案，让培训学员选择的问题。它有三种形式：判断题、单选题、多选题。

- 判断题，也叫是非题，基本上是给予两个相反的答案，供培训学员选择。例如：你喜欢做销售吗？
- 单选题，一般要求培训学员从提供的答案中选择一个答案。例如：你觉得在微课开发时，更要注重内容还是形式？
- 多选题，让培训学员在提供的答案中选择一个以上的答案。例如：对于你而言，在课程开发中，哪几个方面比较欠缺？ A. 明确选题　B. 构建大纲　C. 萃取内容　D. 互动设计　E. 精心制作

开放式问题，是相对封闭式问题而言的，它是指比较概括、广泛、范围较大的问题，问题的答案会比较多元化，有些甚至没有标准性答案，培训学员有很多发散空间。例如：你认为本次培训成功的地方在哪里？你认为怎么样才能做好客户沟通？在培训课堂中，我们可以采用经典的"5W2H"作为参考，它们分别是：Who（谁）、Why（为什么，目的或意义）、What（什么内容或事项）、When（什么时候）、Where（什么地点）、How many/much（多少）、How to do（怎么做）。大家可以结合自己的课程，将下面"5W2H"分别设计一两个问题。

- Who
- Why
- What
- When
- Where

- How many/much
- How to do

结合铭师坊 TTT 培训，我们也可以对"5W2H"进行问题设计：

- Who：参加这次培训的学员是哪些人？这些学员在公司里属于什么层级？
- Why：为什么要组织这次培训？培训的目的是什么？
- What：这次课程主要讲什么内容？
- When：这次课程安排在什么时候？预计时长是多久？
- Where：这次课程是线上培训还是线下培训？培训地点安排在什么地方？
- How many/much：预计有多少学员参加这次培训？
- How to do：你将如何开发这门课程呢？

小结：封闭式提问更加突出重点，注重学员的理解；开放式提问更加突出发散思维，启迪互动参与。相对而言，建议培训课堂开放式提问要多于封闭式提问。

2. 直接式提问 vs. 间接式提问（场景式提问）

以下有两种提问的方法，作为学员，你更喜欢哪种方法？

A. 你觉得作为一位优秀培训师，需要具备什么特质？

B. 回忆一下，你参加过的培训当中，有哪位讲师是你最欣赏、最喜欢的，参加完他的课程至今印象深刻？相比其他的培训师，从这位培训师身上看，你觉得一位优秀培训师应具备哪些特质？

这两种提问方法有什么不同呢？这就是直接式提问与间接式提问的区别。

第一种属于直接式提问，没有更多的铺垫，直接向培训学员抛出问题。学员对内容熟悉的情况下，效率极高；如果学员对内容不熟悉、不了解，很有可能短时间内想不出答案。

第二种属于间接式提问，在提问题之前会有一些铺垫，将学员带入我们设定的情景，进而引发学员的特殊记忆或是激发他们的思维能力，同时给出相应的答案。因而，有些间接式提问也称为引导式提问或是情境化提问。例如：今天你作为培训主持人，在培训总结时，领导突然来到培训室，你会怎么来介绍这位领导？

小结：直接式提问，直奔主题，能够节约时间，但当问题太抽象时会过于直接，不利于学员立马参与进来；间接式提问，有缓冲的时间，学员在铺垫时有场景化的思维，更利于学员得出答案。建议多用间接式提问。

3. 整体式提问 vs. 指定式提问

整体式提问是指问的问题不是针对某一小组或某一具体的人，而是整个培训班，从学员端的角度来说的话，任何人都可以回应。

例如：请问各位同学，我们作为培训师，在授课时可能会遇到哪些异常情况？

A 学员：忘词！

B 学员：设备故障！

C 学员：学员不配合！

D 学员：……

指定式提问，最主要的形式就是直接指定某一具体的学员来回答问题。我们在提问时限定某个小组或是某类群体的方式，也可称为指定式提问。

例如：作为培训师，在授课时可能会遇到哪些异常情况？小明，你来回答下。

小明：呃……（可以想象下，如果你是小明，在被讲师指定式提问时有什么感觉？尤其在小明没有认真听课的时候。）

小结：直接采用指定式提问，很有可能学员还没有准备好就被点名，学员容易紧张，缺乏安全感。一般建议先用整体式提问，再结合实际情况采用指定式提问。简而言之，就是在培训课堂中提问时，要给学员预留一些思考时间，避免尴尬。

补充：提问的种类和形式有很多，本书没有一一详述。以下三种有用又有趣的提问，跟大家一同分享，大家可以思考在培训课堂中如何使用。

（1）攀谈式提问。

"今天天气好冷啊？"

"今天正好下雨，你过来的时候路上堵吗？"

在培训课堂中，尤其在培训未开始或培训中场休息时，因跟学员的熟悉度不够，为了拉近距离、化解尴尬，可以临时寻找话题，比如从天气、交通、美食、美景等方面来交流。

关于你的课程，面对你的学员，你怎么来设计这些问题？

1. _____

2. _____

3. _____

（2）跑题式提问。

我从《士兵突击》开始喜欢并关注的演员张译，这些年爆火。身处娱乐圈的他，没有炒作，一门心思钻研演技，对待他人施以善意，就连阅人无数的张艺谋都给出了这样的评价："认真做人，好好演戏，是所有人应该做到的。张译就是这样的一位好演员。"

在一次颁奖典礼上，作为颁奖嘉宾的杨烁为张译颁奖，没想到一上台就向张译"发难"："……关键他长得难看，那个时候是偶像剧的天下，他必须付出比别人更多的努力。"这个时候张译上台，很是尴尬，没想到张译并没有直接做出正面的回应，而是巧妙地说："市场越来越喜欢各种各样的朋友出现在他们眼前，我还看见德纲老师坐在台下，你说他……（停顿，眼神交流）对不对？"（全场爆笑）

作为培训师，我们难免会遇到一些尴尬的问题，但我们可以直接回避此类问题，跑到别的话题去。

例如：今天这个培训室场地真的差劲吗？

这个问题，我们也可以直接回应说："还好啊，灯光明亮，场地布置整齐。"但确实有些时候，公司内部的教室比较一般，我们就可以"跑题"了，例如："我们在课前让大家带着电脑过来，大家都带来了吗？"

（3）转移式提问。

在课堂中，学员经常会提问，有些问题显而易见，甚至刚刚讲过；有些问题极有挑战性，不易回答；还有些问题，培训师脑袋突然"短路"，一时答不上来……这个时候，我们就可以采用转移式提问，将问题直接转移给提问者或是其他学员，类似于："元芳，你怎么看？"

例如，直接转给提问者。

贾学员：余老师，请问怎么能做好自我介绍？

余老师：贾同学，你一般怎么做自我介绍？

例如，转给其他学员。

贾学员：余老师，请问怎么才能做好自我介绍？

余老师：贾同学提了一个大家经常会遇到的问题（肯定学员），培训师怎么做好自我介绍呢？有哪些方法呢？哪位同学可以分享下？

提问的流程

提问的流程如图 22-1 所示。

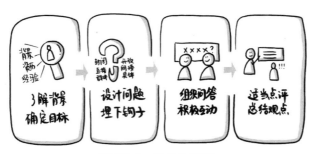

图 22-1　提问的流程

第一步：了解背景　确定目标。

当我们要向学员提问时，我们要了解学员的背景、资历、经验等方面，避免提出太难或是太简单的问题。同时，我们在提问时，不要只是觉得长时间没有跟学员互动，才进行提问。我们的提问要有明确的目标，比如开场的提问，你希望让更多的学员参与进来，启发思维，那相对而言，提出的问题就不能太难。

第二步：设计问题　埋下钩子。

可以参考封闭式提问 vs. 开放式提问、间接式提问 vs. 直接式提问。与此同时，此问题需要明确是针对群体还是具体某位学员。这里给大家推荐我们的课程"铭师云 TTT"中的"提问的四把钩子"（见表 22-1）。

表 22-1　提问的四把钩子

类别	定义	应用场景	常见手法
诱惑钩	通过展示一个诱人的成果来激发学员的学习兴趣	开场或重点知识点前	数据对比、成果对比
障碍钩	通过提出难以回答的问题或抛出业务痛点来激发学员的学习兴趣	开场或重点知识点前	通常描绘业务相关背景
陷阱钩	设计一个学员容易答错的问题或超出正常意识范畴的问题	知识点前与后均可	选择题或是非判断题
回味钩	提出一个问题，让学员意犹未尽的同时有欲望了解下一个或下一节内容	两个知识点之间的过渡或一节课结束时	下个内容或下个章节的设问句

ⓐ 思考题　以下分别对应什么钩?

A.张总刚到新公司时，发现团队成员表面一团和气，实际上彼此不信任，相互不合作，没有讨论，没有交流。作为管理者你会怎么办?

（　　）

B.行业增长平均值是 23%，而他们做到了 68%，你知道他们是怎么做到的吗?

（　　）

C.沟通表达时要做到观点鲜明，我们介绍了四种方法，然而只有观点鲜明还不够，表达时的逻辑结构同样非常重要，这方面也是大家最期待的，下一章就是逻辑结构的介绍。

（　　）

D.大家觉得工作表现不好大多数是由于缺少必要的技能和知识吗?

（　　）

第三步：组织问答　积极互动。

当我们提出问题时，尽可能重复一遍问题或将问题呈现在 PPT 上，这样可以确保学员接收到位。在提问过程当中，根据问题的情况，选择学员来回答问题，一般要参考以下维度：

- 性别：要男女学员都有，不要全是男学员或女学员。
- 组别：要均衡各小组，不要都在一个组。
- 前后：要照顾前后（由远及近更好），不要都在一个方位。
- 层级：要考虑不同层级的回应，不要都为一个层级。

当答案较为复杂多变时，可以采用板书的形式来记录与确认答案。在这个过程中，即使观点不一致，也要多给学员肯定、鼓励，让更多的学员参与进来。

第四步：适当点评　总结观点。

答案较简单时，可以直接口头总结；答案较复杂时，建议要体现在 PPT 或是板书上。

提问的注意事项

1. 避免"马拉松式"问题

如果你正在参加"高效时间管理"的课程，你会发现，讲师为了吸引大家，与学员互动也采用了提问的方式。他是这么问的："你们知道时间管理的黑洞吗？在日常工作和生活中有哪些时间管理的黑洞？为了避免产生时间管理的黑洞，我们要注意什么？有没有具体的工具或方法？"在培训课堂中，培训师突然抛出一连串的问题，学员都还来不及思考，怎么能更好地回答呢？因此，培训师在提问时，要避免问"马拉松式"的问题，一次抛出一系列的问题。

我们要做的是一次提问只提一个问题！

2. 问题的难度要适中

在某一年的"我是好讲师"大赛区域初赛时，有位女讲师上台讲"金字塔原理"的课程，主要分享"结构"的知识点。一上台介绍完自己的简介，她就抛出一个问题与台下的人员互动："请问，什么叫'结构'？"突然台下一片寂静……

这个问题看上去很简单——"结构"，不是语文老师经常问的吗？但当你问定义性问题并且还在开场的时候提问时，这种问题就容易冷场！那么怎么判断这个问题难不难呢？可以做一个角色互换，假如你是学员，这个问题你自己能快速回答出来吗？

切记，问题的难度要适中，慎问定义性问题！

3. 关注更多的可能性

有些提问，培训师自己在 PPT 当中有预设的答案，但如果学员的答案不是预设的就会将其忽略；或是培训师没有肯定学员的看法，让学员有种被忽略的感受。这种方式不利于提高学员的学习积极性，后期很有可能就不愿意来回答。

作为培训师，要有包容的心态，不是所有的问题都只有唯一的答案，当学员的看法与我们不同时，我们可以看到更多的可能性。比如，某同学的回答似乎比我们的答案更符合当下的情景，或者某同学的回答拓宽了我们的思维……

开放心态，让培训课堂更精彩！

✿ 本章小结

本章主要分享了在培训课堂上利用有效的提问技巧激发学员思考、增加学员互动的几种形式。你可以结合个人情况，做出以下思考：

1. 本章主要介绍了哪几种提问的形式？

_____

_____

2. 结合你的课程，设计一个间接式提问（场景式提问）。

_____

_____

3. 提问的四步骤分别是哪四步？

_____

_____

4. 在提问的注意事项中，有哪三个关键要点？

_____

_____

CHAPTER 23

第 23 章

胸有成竹的控场技巧

💡 思考一下

作为一名培训师，我们期待每场培训都顺利进行，并且完美收场，然而或多或少会遇到一些异常情况，让培训现场出现一些小插曲。请问你遇到过哪些情况？

_____

_____

现场把控，大家都很期待这个话题吧。不知道你有没有遇到过以下的异常情况？

- 忘词了。
- 学员没有热情。
- 投影仪突然坏了。
- 人有三急。

·············

事实上，很多看似属于"现场把控"的问题，都是因为没有提前做好准备，比如"学员没有热情该怎么办"。这个问题我们提前就应该有思考、有方法，如果等到现场后，发现学员没有热情，需要马上对预案进行调整，甚至还想立即找个游戏道具，那极有可能来不及。因而这章，我们提到的"现场把控"，将更多立足于"如何保证培训现场积极有序地进行"来讲解。我们从五大方面来分享：自我充分准备、识别和调动学员、变换教学活动、合理控制时间、异常情况处理。

自我充分准备

人际交往中有句话："世界就是一面镜子，你怎么对待它，它就怎样对待你。"这句话同样适用于培训课堂。我们希望有一个积极有序的现场，期待有一群热情活跃的学员，那我们作为培训师应该要提前做好什么准备呢？以下是培训师训前自测表（见表 23-1），共有 8 个维度，可以检验准备是否充分。

表 23-1　培训师训前自测表

序号	维度	分值	打分	备注
1	了解学员背景	10 分		
2	清晰教学目标	10 分		
3	沟通助教主持	15 分		
4	提前演练内容	20 分		
5	准备道具表单	10 分		
6	熟悉培训场地	10 分		
7	打扮仪容仪表	10 分		
8	设想异常情况	15 分		
合计			日期	

我们对这 8 个维度做简单的描述，方便以后自测。

- 了解学员背景。古语有云："知己知彼，百战不殆。"可以参考学员数量、男女比例、学历情况、部门分布、岗位职级、工龄司龄、受训情况等，有些情况还可以结合训前调研表了解。

- 清晰教学目标。弄清楚本次培训最终的目标是什么，在规定的时间内能否完成，有哪些是现场就可以实现的，哪些是需要学员训后在工作实践中实现的。

- 沟通助教主持。记住一句话：在培训课堂中，你不是一个人在"战斗"。我们是一个系统，有组织者、有领导、有助教、有主持人，我们应该提前沟通。比如在训前可以考虑邀请领导做开场致辞；在培训中，有哪些环节需要助教协助，也要提前协调，以免助教临时不在或者不能及时领会。

- 提前演练内容。"不打无准备之战""没有准备，就准备失败"，这些都是经典的名句。演练上台自我介绍，让登台时魅力无限；演练教学互动环节，让授课时收放自如……

- 准备道具表单。是否有相关的教学道具或工具表单？如果有，请提前准备好像翻页笔这样的教具；如果没有，并且使用频率较高的话，建议培训师自己配置一个。

- 熟悉培训场地。还记得高考的前几天有个关键任务——提前熟悉考场，我们作为培训师，也要提前熟悉培训场地，至少提前20分钟到达场地，做到心中有数。

- 打扮仪容仪表。穿着精致到位，你会发现站在台上的自信度都会提升，尤其是女讲师。

- 设想异常情况。"凡事预则立，不预则废。"设想下，我们在授课时，学员可能会提哪些问题，场地上可能会有哪些情况，提前做一些预案。

一句话概括：充分准备是王道。

识别并调动学员

先聊一个有趣的话题。

自古以来，人们都希望能更多更好地认识自己、了解别人，找到一把开启人生中暗自牵引自己命运的钥匙，于是就产生了很多性格分析的理论、方法与工具。其中有一种理论是九型人格理论，该理论将人格划分为九种，并根据能量、智慧的不同，将其分成三个能量中心，分别为脑中心、心中心、腹中心。结合学员特征，我们做个简单介绍。

- 脑中心——反思型学员

脑中心是指大脑像全自动电脑，能够广泛搜索信息，并对信息进行加工。这类学员的特点是善于独立思考，喜欢提炼总结，分析能力胜于感觉。他们是逻辑能力上的高手，思考是系统化、体系化、整体化的。

- 心中心——感受型学员

心中心是指沉浸在感受里，依靠感觉去生活。这类学员的特点为表现较为活跃，感受能力超强，在意人的情感联结与体验。他们对视觉、听觉、感觉会比较在意，要亲自参与、亲自感受才会理解得更好。

- 腹中心——实践型学员

腹中心是指靠直觉来生活，表现较为务实。这类学员厌烦空洞的说教，对实践型的课程感兴趣。他们以结果为导向，培训师的个人风格对他们来说不是那么重要，对自己有用是重要的衡量指标。

介绍九型人格的三种能量中心，以及对应的三类学员，不是让我们一定要去学习九型人格理论，而是将其作为一种性格分析的工具。期待着大家去学习一些识别他人的理论、方法与工具，如 MBTI（迈尔斯 - 布里格斯类型指标）、PDP（行为特质动态衡量系统）、DISC（Dominace/支配，Influence/ 影响，Steadiness/ 稳健，Compliance/ 顺从；DISC 取自各英文单词的首字母）、星座、五行等。

不过上面这三类学员（见图 23-1），对我们而言，还是会有一些启发。我们很难在课堂当中马上识别谁就是什么类型，但我们可以在课程内容开发与设计时，考虑学员的不同类型，所以我们的课程要：

- 内容有用——实践型学员尤为关注。
- 逻辑清楚——反思型学员分析依据。
- 形式有趣——感受型学员热情参与。

图 23-1   学员分类

我们基于支持度与投入度两个维度，并利用二维矩阵，将学员分成四类：天使型学员、观光型学员、挑战型学员、被动型学员（见图 23-2）。

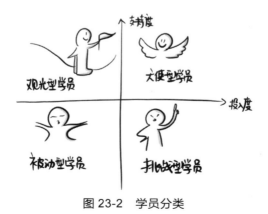

图 23-2   学员分类

请问，在你最近的一次培训课堂上，什么学员比例最多？

A. 天使型学员　　B. 观光型学员　　C. 挑战型学员　　D. 被动型学员

那么，面对不同的学员，我们应该怎么去调动他们呢？

（1）天使型学员。如果你的培训班中绝大多数学员是天使型学员，那么恭喜你，幸福从天降。如果不是你的内容本身就吸引他们，那就是，你是一个极具魅力的培训师。当然，面对天使型学员我们还是要做到以下 3 点：①眼神交流，用你的眼神多跟他们互动；②适度曝光，在恰当的时候给他们一些机会，让他们分享交流；③情感联结，在课间休息时间也可以适度交流。

（2）观光型学员。如果你的培训班中绝大多数学员是观光型学员，那么恭喜你，这才是正常培训班该有的样子。许多学员在培训开始时，不知道培训师水平如何，内容是否有用，所以决定先"观光"再说，这是很正常的现象。那如何去调动他们呢？有 2 个小方法：①赋予任务，在课堂设计一些小任务，让他们参与其中；②给予激励，当他们参与活动或问答时，肯定他们，激励他们。

（3）挑战型学员。如果你的培训班中绝大多数学员是挑战型学员，同样恭喜你，因为这样的班级真难见到。事实上，培训学员的分布大概跟橄榄球定律一样，20% 积极主动，60% 静观其变，20% 不太支持，而不太支持的那 20% 也不一定会出来挑战培训师。真正会出来挑战培训师的，大家可以想想，他是认真听讲还是不认真听讲？相信你也会有答案。有 3 个小方法：①给予平台；②给予尊重；③给予认可。

例如：当他向我们提了一个很有挑战性的问题时，我们可以说，"感谢××，你的这个问题是一个大家经常会遇到的问题"或者"感谢××，大家有没有发现，××提到的这个问题是我们很容易忽略的问题"等。还有，在恰当的时候，我们可以邀请他来帮我们做一些专业内容的分享，说不定他还会从挑战型学员转变为天使型学员。

（4）被动型学员。如果你的培训班中绝大多数学员是被动型学员，依旧恭喜你，因为都是被动型学员的培训班也很少见。但在一个培训班里有少量被动型学员还是很常见的，那我们怎么去调动他们呢？有 2 个小方法：①赋予责任，比如在选取小组长时，可以让他们来担任；②巧用规则，通过观察发现某位学员比较被动，观察他身上有什么特征，例如在小组内只有他佩戴眼镜或他身高最高，那接下来选分享者时，就可以说每个小组安排眼镜度数最高的、身高最高的来回答问题，这样就比较巧妙地让其参与进来。

说在后面，不是所有的学员都会积极配合，也不是所有学员都会被调动起来，毕竟一场培训也很难让所有的学员都满意。当我们"以学员为中心"，也付出过努力后，依旧不能调动很少量的学员，那么我们依旧要以大局为重，以多数学员为中心，让培训课堂有序地进行。

变换教学活动

大家可以回忆一下，在我们读小学时，老师用哪些方法来刺激我们，让我们保持注意力，好好听课？（至少写 3 种方法）

美国培训界先驱鲍勃·派克曾提出一个经典理论，即"90-20-8 法则"。他认为，成人能够保持认真听课并消化课程内容的时长为 90 分钟，注意力高度集中的状态只能维持 20 分钟，每 8 分钟就需要组织学员展开课堂讨论，调动他们的学习主动性。

我们在这里不讨论"90"与"20"，只交流"8 分钟"的理论。想象一下，你作为学员，台上的培训师 8 分钟站在一个地方不动，8 分钟讲的是同一页 PPT 的内容，8 分钟都是自己在讲，并且 8 分钟语音语调都一样，你会怎么样？估计会觉得这 8 分钟很漫长吧。

因此，这里有个核心的点——变化！中国古代著名军事家孙子说："兵无常势，水无常形。能因敌变化而取胜者，谓之神。"变化很关键，我们在课堂当中也一样要变换教学活动。

@ 思考题

大家回顾一下，"多样化教学活动设计"中提到的五种传统教学活动分别是：

_____

三种新型教学活动分别是：

_____

结合我们的教学设计五线谱表（见表 23-2），就可以发现我们的方法是不是经常变化了。

表 23-2　教学设计五线谱表

时间线	内容线	方法线	情绪线	工具线

这里，我们再分享一些小技巧，以在 8 分钟内不断刺激我们的学员。

- 声音变化：曾经的你在讲台下和同学交头接耳时，有没有被老师的声音变化吓到？突然不讲话或者音量突然变高能够引起学员的注意。

- 移步教学：你是否体验过老师突然快速地走到你面前？当然这个对于成年人来说就不太建议，毕竟会给学员造成太大压力。适当移步，变换培训师在场地的位置，也可以刺激学员的注意力。
- 敲黑板："画重点啦，这是期末考要考的！"还记得吗？赶紧记下笔记，画好重点。
- 提问互动：这个可以借鉴前面"有效的提问技巧"内容，在此不做赘述。
- 借用道具：有没有发现大多数有道具的课程，学生时代的你都挺喜欢的，如画画课、生物课（观察细胞）。

合理控制时间

铭师坊 TTT 培训课程讲到结尾三部曲时，我经常会向学员抛出这个问题："即使台上的培训师讲得很好，作为学员，你是期待准点下课还是感觉拖堂也无所谓？"绝大多数学员都回答：准点下课。还有少部分的回答：最好提前下课。可见学员还是很重视课堂时间管理的。那作为一位培训师，怎么合理控制课堂时间就显得尤为重要。大家会普遍存在两类问题：时间用不完或时间不够用。

1. 时间用不完

这个概念很好理解，就是指在约定的时间内提前讲完所有内容，比如 90 分钟的课程，讲到 60~70 分钟时就结束了。

（1）原因分析。

- 素材缺：除了 PPT，别的素材基本没有，视频、案例类的都没有。

- 互动少：教学活动设计得比较少，甚至连提问都很少，一个人干讲。
- 语速快：尤其是新手培训师，上台容易紧张，语速更快，越着急越快。

（2）解决方法。

- 增加素材。结合培训师授课的情况，我们提供参考性建议，在约定的时间内，准备多少页 PPT 比较适合？一般线下课一页 PPT 讲 2~3 分钟，那么 1 小时讲 20~30 页，2 小时 40~60 页，3 小时 60~80 页。这样，我们可以做对比，如果 PPT 页码明显少于最低的参考标准，自己授课经验又不是太足，那时间用不完的概率就会增加。那可以增加什么素材呢？最简单的方法就是增加例子，可以是说明观点的故事、促进学员理解的工作案例、与教学主题相关的视频，还可以根据情况增加一些讨论，时间用不完就不用担心了。
- 增加活动。互动不只是为了拉长、填充时间，更加重要的是使学员觉得除了内容有用，形式还有趣。可以从三类活动着手：第一类，开场破冰活动，根据培训班的实际情况，可安排一些破冰游戏，这边就不赘述，可参考本书相关的章节；第二类，内容教学活动，如角色扮演、小组讨论、游戏体验等；第三类，总结回顾活动，可以在每个小节或是在大总结时来安排。
- 把控节奏。它包括两大方面：第一方面，结合"教学设计五线谱表"来安排内容与时间的比例；第二方面，语气表达张弛有度。

2. 时间不够用

在规定的时间内，内容还没有讲完，例如计划课程时间为 2 小时，到了 1 小时 45 分钟，发现内容还有近一半没有讲完。

（1）原因分析。

- 内容太多：原本 3 小时的内容，压缩在 1 小时内讲解。
- "废话"太多：不重要的内容讲了两三遍，重要的内容甚至四五遍。
- 活动太多：给案例、放视频、做讨论，轮流做一遍。

（2）解决方法。

- 删减内容。可参考 PPT 的时间内容情况，1 小时讲 20~30 页，2 小时 40~60 页，3 小时 60~80 页。之前见过 1 小时内要讲 67 页 PPT 的培训师，关键是 PPT 里还是大量的文字，能讲完吗？
- 提炼内容。关注课程的核心内容，不重要的内容简单带过，重要的内容提炼关键字、关键词、关键句，促进学员理解与记忆。举个有意义的例子，被誉为"红色经典第一歌"的《三大纪律八项注意》就是宝贵的经验（高度提炼与总结，还编成一首歌）。
- 控制活动。内容少、活动少，时间不够；内容多、活动多，时间紧张。建议还是要结合"教学设计五线谱表"，合理安排活动。同样，活动中引导学员回应也是关键，有些培训师脸皮薄，只要学员举手都让其回答，或学员回答时间过长，也没有合理的提醒，这样也很容易时间不够用。推荐大家看一些记者采访或是主持人控场视频，他们经常会有如下的设计：最后一个提问的机会，请您用一句话做总结。这样可以较好地把控时间。

另外，提供 3 个课堂时间把控小技巧：

- 安装钟表。条件允许的，直接在公司培训教室里安装钟表。钟表对着讲台的方位，给培训师提供时间提示；还要尽可能大一些，免得看不清；没有条件的，就考虑手机、计时器等。

- 安排人员。这里有两类人员：第一类人员直接找助教或培训主持人，提前与其沟通，在什么时间段给培训师提醒；第二类人员在做教学活动时，每小组选出记时员，把控时间，比如小组交流分享时，每人两分钟，这样可以适当避免爱说的学员一言堂而导致超时。

- 反复演练。这个最重要！因为上台机会少，内容不熟悉，缺乏经验，时间把控上就更容易没经验，最好的方式就是——提前熟悉课程内容、反复演练。

异常情况处理

作为一名培训师，我们期待每场培训都顺利进行，并且完美收场，然而或多或少会遇到一些异常情况，让培训现场出现一些小插曲。那我们该如何去处理这些异常情况？

1. 讲着讲着，突然忘词

有时我们准备已经足够充分，却由于场地原因、领导来临、学员提问，突然忘记了后面要说的话，而且越紧张越想不起来，此时怎么办？有 3 个小技巧：

（1）保持镇定，跳过此段。如果我们没有明确要说 3 点，讲到第 2 点时忘记了，那索性先跳过此段，暂时不提。

（2）重复内容，转移提问。我们可以重复刚才讲过的话，给自己留出时间来思考；或者将问题转移给学员（现场如有专业人士，可以邀请他来帮你回答）。例如：“我们刚刚提到学员喜欢的培训有 3 点，我们讲了 2 点，分别是内容有用和形式有趣，请问大家知道第 3 点是什么吗？”

（3）真诚永远是必杀技。如果真心想不起来，又觉得这个内容很重要，那可以直接说："抱歉，看到各位伙伴学员这么热情，我的大脑也很激动，一时短路，这个点给遗忘了（适当自嘲）。"事实上，大脑短路在所难免，学员也能理解，但不能老是这么"真诚"。

2. 设备突然坏了

电脑突然黑屏，投影仪失灵、翻页笔不工作……这个时候就很考验培训师的控场技巧，核心原则是"以学员为中心"，我们不能自顾自地去维修，将学员放在一边。一般建议：

（1）邀请助教帮忙：让助教帮忙处理，我们可以继续讲课，不影响课程的整体进程。

（2）安排教学活动：现场如果没有助教，只有培训师，那就安排个教学活动（设置提问、播放视频、小组讨论等形式），我们再去处理。

（3）调整休息时间：如与休息时间相差不是太大，可以调整休息时间。

3. 课堂气氛沉闷

此问题是新手培训师很关心的问题，请大家参考此章中"变换教学活动"的内容。另外建议：多准备教学的素材，如教学视频、互动游戏、暖场音乐、活动道具等。

4. 答疑环节却没有人提问

作为培训师，一般在章节小结尤其在课程大总结时，会设置问答交流环节。有时尴尬地发现，我们特意做了"问答"的页面，学员却没有任何问题，这时怎么办呢？有两种形式可以借鉴：

（1）直接提问。这是最简单的方法。培训师提前设想问题，此时直接说："看来大家都没有问题是吧？那我来提几个问题。"

（2）转移提问。可以说："看来大家不太好意思提问，那每个小组各想一个问题，我们让下一个小组来回答（一组提问二组回答，二组提问三组回答……）。"

事实上，我们会遇到的异常情况有多种，此处不做一一列举，关键是要关注"如何保证培训现场积极有序地进行"。因而，要多考虑、多预演、多训练，提前预防异常情况，即便异常情况来了，我们也能从容应对。

✿ 本章小结

本章主要分享的是"如何保证培训现场积极有序地进行"，结合你的实际情况，做出以下思考：

1. 对比"培训师训前自测表"，哪三项还需要提升？

_____

2. 本章分享了四类学员，分别是哪四类？后期应该怎么应对？

_____

3. 结合自己的课程，完善教学设计五线谱表。

_____

4. 设想下，你还有可能遇到哪些异常情况？你可以怎么处理？

_____

| 参考文献 |

[1] 王静. 选对色彩穿对衣 [M]. 桂林：漓江出版社，2010.

[2] 赵琳. 声声入心：重塑你的声音魅力 [M]. 北京：中信出版社，2019.

[3] 布朗，勒迪格三世，麦克丹尼尔. 认知天性：让学习轻而易举的心理学规律 [M]. 邓峰，译. 北京：中信出版社，2018.

[4] STOLOVITCH H D，KEEPS E J. 交互式培训：让学习过程变得积极愉悦的成人培训新方法 [M]. 派力，译. 北京：企业管理出版社，2012.

[5] 加涅，韦杰，戈勒斯，等. 教学设计原理：第5版 [M]. 王小明，庞维国，陈保华，等译. 上海：华东师范大学出版社，2007.

[6] 派克. 重构学习体验：以学员为中心的创新性培训技术 [M]. 孙波，庞涛，胡智丰，译. 南京：江苏人民出版社，2015.

[7] 尹玉忠，楚永涛，曹刚. 迪克-凯瑞教学系统设计模型评价 [J]. 河北大学成人教育学院学报，2008（1）：76-78.

[8] 田俊国. 上接战略，下接绩效：培训就该这样搞 [M]. 北京：北京联合出版公司，2013.

[9] 碧柯. ASTD培训经理指南 [M]. 顾立民，李家强，崔连斌，等译. 南京：江苏人民出版社，2011.

［10］桦沢紫苑. 享受紧张：脑科学让紧张感化敌为友［M］. 宫静，译. 北京：机械工业出版社，2021.

［11］国家体育总局人力资源开发中心. 现役运动员心理指导手册［M］. 北京：人民体育出版社，2020.

［12］李忠秋. 结构思考力［M］. 北京：电子工业出版社，2014.

［13］明托. 金字塔原理［M］. 王德忠，张珣，译. 北京：民主与建设出版社，2006.

| 参考答案 |

第 4 章

【思考一下】参考答案：× × √ √ × ×

第 9 章

【思考一下】参考答案：紧张、沮丧、惊喜、焦虑、高兴、愤怒

第 10 章

【课后练习】参考答案：1. √；2. B；3. 直线，曲线；4. 眉，耳，领；5. 3，
同质同色

第 11 章

【课后练习】参考答案：1. 手掌，手指，拳；2. √；3. ×；4. 虚实；5. ×

第 16 章

参考答案：

思考题 1：Why：5 和 11。What：2、3、4、6、7、10。How：1、8、9、12

思考题 2：

《数据分析》

第一章：数据分析的重要性

1. 识别工作中的现状与问题

2.发现问题的根源所在

3.预测未来，为决策提供依据

第二章：数据分析的基础知识

1.什么是数据分析

2.数据分析的应用场景

3.数据分析的基本条件

4.数据分析的基本原则

第三章：数据分析的基本流程

1.明确目标

2.收集数据

3.分析数据

4.推导结论

思考题3：

课程名称	关键词	关键词关系	优先级拆分思路	综合判断
高效演讲技巧	演讲 听演讲的人 演讲的材料	核心动作：演讲 演讲对象：听众 动作宾语：材料	1.演讲的流程/要点 2.听众的分类 3.材料的分类，如汇报用、授课用、路演用、投标用	材料的场景化分类，因为演讲场景不同，技巧有很大区别
人脸识别闸机的维护	维护 人脸识别闸机	核心动作：维护 动作宾语：人脸识别闸机	1.维护的步骤 2.人脸识别闸机的分类或内部不同构件	人脸识别闸机内部不同构件构建不同，维护方法不一样
活动策划	活动策划	核心动作：策划 服务对象：客户 业务类型：销售活动	1.策划的流程 2.客户的分类 3.活动的类型/规模	策划流程

思考题4：

①按业务发生地分类（Where）；②打单的不同时机（When）；③按业务对

象分类（Who）；④按客户本身的类型（Who）；⑤按事情发生的流程步骤（When）。

第19章

【小练习】参考答案：

第一步：勾

赞美同事还需要有技巧吗？

第二步：探

我这里有一张照片，是在一次团建中你的同事拍的，请尝试赞美同事拍的这张照片，我给大家2分钟的思考时间，请大家把你的赞美写到便笺纸上。

时间到。接下来请你去和至少三个人分享你的赞美方法，请记下你认为最好的赞美。时间3分钟，现在开始。

时间到。在刚才的分享中，大家听到的打动你的赞美方式有哪些呢？请和大家分享一下。

找两三个学员分享（此处略）。

我们来看一下刚刚这位学员的分享：这张照片美极了！第一是配色，黑灰色的树干配上绿油油的背景，让糖葫芦的红色格外鲜艳；第二是对比，虚化的背景让画面的主角——生长在树干上的糖葫芦格外显眼；第三是线条，弯弯曲曲的树干配上笔直的糖葫芦，似乎在传递着一种坚挺的精神。当我看到这张照片的时候，我眼前浮现出腊月寒梅迎风绽放的景象，内心感受到一种坚定、执着、不畏环境之美。所以这不仅是一张照片，更是一种鼓励、一种肯定，特别适合送给在困境中纠结迷茫的人们。

这段赞赏是入耳入心的一段语言，我们一起来分析一下，到底好在哪里。

第三步：讲

大家说得非常好。

首先，"黑灰色的树干配上绿油油的背景，让糖葫芦的红色格外鲜艳"这句话好在哪里呢？（和学员互动，等待学员思考，不需要邀请某位学员起立发言，大面积互动即可）没错，是对画面的细节描绘得很到位，这就是赞美的第一个技巧：赞细节。

同时，请看这一句："内心感受到一种坚定、执着、不畏环境之美。"这是在表达什么呢？（和学员互动，等待学员思考，不需要邀请某位学员起立发言，大面积互动即可）对了，这是在表达一个人的内心感受，这就是赞美的第二个技巧：谈感受。

最后，请仔细观察："这不仅仅是一张照片，更是一种鼓励、一种肯定，特别适合送给在困境中纠结迷茫的人们。"这是在描述什么呢？（和学员互动，等待学员思考，不需要邀请某位学员起立发言，大面积互动即可）对，我听到有人说这是在说照片的作用。这就是赞美的第三个技巧：上价值。

总结一下，赞美一共有三大技巧，分别是：

（1）赞细节：赞美的时候要抓住事物的细节进行放大描述，能抓住三个细节最佳。

（2）谈感受：赞美对方的时候表达对方的行为给自己带来的正向的内心感受，能够让赞美更加深入人心。

（3）上价值：将对方行为能带来的结果上升到一定的高度，这个技巧往往会让对方喜出望外，超出原有想象，没想到自己的做法原来这么重要、有价值。

第四步：练

　　下面我们来做一个小练习，请你找到和你所戴眼镜度数一样的学员，面对面站好。我给大家 3 分钟时间，请认真地赞美你面前的这位同学。

第五步：评

　　时间到，请大家回到座位上。在刚才的赞美中，谁被赞美的心花怒放，我们邀请一位同学分享。

　　点评学员的分享，点评的重点就是刚刚讲过的三大技巧。（此处略，点评时可以做知识点以外的延展性拓展，因为赞美远不止这三个技巧。）

第 22 章
【思考一下】参考答案：ABCD
【思考题】参考答案：障碍钩、诱惑钩、回味钩、陷阱钩

第 23 章
【思考题】参考答案：

　　五种传统教学活动是：小组讨论、案例分析、视频教学、示范教学、角色扮演。

　　三种新型教学活动是：游戏化、引导式、数字化。